世界一美味しいチャーハンの作り方

監修：世界一美味しいチャーハン制作委員会

日本文芸社

世界一美味しいチャーハンの作り方

古今東西、
いろいろな作り方があるチャーハン。
ごはんは温かいものを使う？
卵は先に混ぜておく？
フライパンはふる？ ふらない？……
など家庭によって違うと思います。

本書では、6人の人気インスタグラマーが
「世界一美味しい！」
と考えた究極のチャーハンレシピをご紹介します。
チャーハンの作り方はさまざまですが、
それぞれ違った美味しさを楽しめるのも魅力。

さらに卵料理や、肉料理、
おつまみレシピなどほとんど3ステップで
簡単に作れるレシピも豊富に掲載。

家での料理がますます楽しくなる一冊です。

contents

はじめに …… 2
本書の使い方 …… 6

chapter 1
我が家の味を教えます！
世界一美味しい
チャーハンのレシピ10 …… 7

MAYAさん 世界一美味しい
チャーハンの作り方 …… 8
究極の五目チャーハン …… 10
エスニック風海老のチャーハン …… 11
めぐみさん 世界一美味しい
チャーハンの作り方 …… 12
豚バラのせガッツリチャーハン …… 14
シャキシャキレタスのカレーチャーハン …… 15
masayoさん 世界一美味しい
チャーハンの作り方 …… 16
世界一シンプルな卵チャーハン …… 18
しらすと大葉のチャーハン …… 19
ゆうきさん 世界一美味しい
チャーハンの作り方 …… 20
焦がしじょうゆ香る
海老と卵のチャーハン …… 22
ベーコンとねぎのガリバタ★チャーハン …… 23
utoshさん 世界一美味しい
チャーハンの作り方 …… 24
肉そぼろあんかけチャーハン …… 25
母熊さん 世界一美味しい
チャーハンの作り方 …… 26
コクうま！バターコーンチャーハン …… 27
みんなのチャーハンのポイントまとめ …… 28

chapter 2
コスパ良し！
アレンジ豊富な卵料理 …… 29

本気の旨辛味玉 …… 30
黙っちゃう厚焼き卵 …… 31
デパ地下顔負け
スパニッシュオムレツ …… 32
新世界の卵豆腐 …… 33
飛び出るお母さんの味。
肉じゃがオムレツ …… 34
子どもも食べざるを得ない
やみつきピーマンの卵炒め …… 35
栄養の小宇宙ツナの擬製豆腐 …… 36

COLUMN01
MAYAさんに聞いた！
もっと美味しい料理の簡単テクニック …… 38

chapter 3
即作れる！酒飲みの味方
スピーディおつまみ …… 39

ワインの親友
なすとミンチのチーズ焼き …… 40
ビールの親友 キムチーズ油揚げ …… 41
ビールの彼女 砂肝のゆずこしょう炒め …… 42
ビールの彼氏 ペペロンチーノ枝豆 …… 43
全ての親友 はんぺんチーズベーコン …… 44
日本酒にも合う手羽中の甘辛煮 …… 45
大葉とベーコンのワンタン …… 46
じゃがいものたらこ炒め …… 47

COLUMN02
めぐみさんに聞いた！
さらに美味しい料理の簡単テクニック …… 48

chapter 4
ボリューム満点◎
毎日食べても飽きないめんレシピ …… 49

やみつき塩焼きそば …… 50
お蕎麦屋さんのカレーうどん …… 52
豚しゃぶおろしうどん …… 54
ねぎまみれ鶏肉うどん …… 55

コクうまサラダうどん …… 56
即席ボロネーゼ風パスタ …… 57
毎日食べたい濃厚カルボナーラ …… 58
ハムときのこの和風スパゲティ …… 59
サーモンとほうれん草のクリームパスタ …… 60
ツナのトマトソーススパゲティ …… 61
ぷりぷり海老とブロッコリーの
さっぱり塩オイルパスタ …… 62

chapter5
ガッツリ食べたいときの肉料理 …… 63
最強の豚とろねぎ塩炒め …… 64
元祖！　豚肉のしょうが焼き …… 66
肉を食べたいときのポークソテー …… 68
やきとり屋さんの豚バラ串焼き …… 69
なすとトマトの塩麻婆 …… 70
女子ウケ！
トマトとチーズの肉巻きソテー …… 71
チキンとブロッコリーの
オニオンガーリック …… 72
チキンのマスタードクリームソース …… 73
王道＋αのチキンのトマト煮 …… 74
韓国が恋しくなるプルコギ …… 75

COLUMN03
ゆうきさんに聞いた！
もっと楽しい料理の簡単テクニック …… 76

chapter6
1品で大満足！
大人も子どもも大好きな丼もの …… 77
激ウマ！　鶏皮甘辛丼 …… 78
半熟味卵のせ丼 …… 80
コンポタ茶わんむしリゾット …… 81
パリパリきつね丼 …… 82
埼玉の冷汁 …… 83
あの日のナポリ丼 …… 84
お手軽ポキ丼 …… 86
テレビで観るようなローストビーフ丼 …… 87
もち麦カレーライスサラダ …… 88
鮭じゃが炊き込みご飯 …… 90
自家製なめたけのTKG …… 91

COLUMN04
母熊さんに聞いた！
もっと美味しい料理のワンポイント …… 92

chapter7
野菜をたっぷり食べようサラダレシピ …… 93
そぼろとトマトのリーフサラダ …… 94
ささみと水菜のフレッシュサラダ …… 96
厚揚げ豆腐のカプレーゼ …… 97
豆腐とアボカドのしらすサラダ …… 98
牛肉ときゅうりのおかずサラダ …… 100
おしゃれな気分になれる豆サラダ …… 101
彩り野菜の和風根菜サラダ …… 102
厚切りベーコンで作る男のポテサラ …… 103
レモンが香るコールスロー …… 104

chapter8
たまには自分を甘やかしたい絶品揚げもの …… 105
居酒屋さんの手羽先の唐揚げ …… 106
ナンプラーが香る！　エスニック春巻き …… 107
二つ折りのミルフィーユカツ …… 108
ピリッと辛い塩さばの唐揚げ …… 109

カツオのコーンフレーク揚げ 110
レアが美味しい！ マグロカツ 112
アボカドのフリッター 113
すごい自家製厚揚げ 114

chapter9
本当は誰にも教えたくない
絶品ソースの作り方 115
毎日のおかずをリッチにするタルタルソース 116
具だくさん！ ピリ辛サルサソース 118
万能！ たっぷりきのこのソース 119
世界一のトマトソース 120
ヘルシーみそマヨディップ 121

COLUMN05
utoshさんに聞いた！
もっと楽しい食事のマメ知識 122

chapter10
全部小麦粉で作れる！ 変幻自在の粉もの 123
生地から作る肉まん 124
すぐに作れるにらとねぎのチヂミ 126
ベーコンのふわふわお好み焼き 127
Theおやき 128

カレーのお供にしたい自家製ナン 130
ハムエッグのガレット 131
ほんのり甘～いお芋の蒸しパン 132
気分に合わせて具材を変えたいクレープ 133
タワーオブパンケーキ 134

chapter11
ひとりでも楽しめる
鍋料理とあったかスープ 135
日本人のカレー鍋 136
鍋パするならトマト鍋 137
意外！ カマンベールチーズ鍋 138
ヘルシーすぎる鶏団子塩鍋 139
シンプルな餃子スープ 140
豆乳明太子スープ 141
こってりみそバタースープ 142

chapter12
簡単なのに超豪華なごちそう食パン 143
インスタ映えするうえに
美味しいピザトースト 144
ハムと大葉とチーズのホットサンド 145
喫茶店風厚焼きだし巻きサンド 146

B・L・Tサンド 147
インスタ映えするうえに美味しい
オープンサンド 148
基本のフレンチトースト 149

COLUMN06
masayoさんに聞いた！
もっとラクラク！ 調理のテクニック 150

chapter13
忙しい人の味方！ あったら嬉しい常備菜 151
なんでものせたい牛のしぐれ煮 152
鉄板！ 春雨サラダ 154
絶対うまい韓国海苔フレーク 156
きゅうりの佃煮 157
切り干しナポリタン 158
我が家の自家製なめたけ 159

本書の使い方

表記について

- 計量の単位は1カップ＝200mℓ、大さじ1＝15mℓ、小さじ1＝5mℓです。
- 特に表記のない場合、食材を洗う、皮をむくなどの下準備を済ませてからの手順を説明しています。
- 電子レンジの加熱時間は500Wの場合の目安です。機種により多少異なることがありますので、調整してください。
- 火加減は特に表記のない場合を除き、中火にしています。家庭用のコンロ、IHヒーターなどの機種によって火力、出力が異なる場合がありますので、とくに肉を扱う料理は火の通りを実際に確認してください。
- 各レシピの金額は編集部調べによるもので、調味料、飾り用の材料は省いた金額で換算しています。また、地域、季節によって材料の価格が大きく異なることがあります。
- 分量は一部のレシピを除き、すべて一人分の表記です。

材料・道具について

- 小麦粉は薄力粉、砂糖は上白糖、塩は精製塩、バターは有塩、しょうゆは濃口しょうゆ、みそは好みのものをお使いください。商品により、塩分量が異なるため加減してください。
- フライパンは特に表記のない限り、フッ素樹脂加工のものを使用しています。
- 小ねぎ、パセリ、バジル、粗びき黒こしょうなどの飾りやトッピング用の食材は、材料、作り方の記載から省いています。

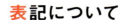

Chapter 1

我が家の味を教えます!

世界一美味しいチャーハンのレシピ10

6名のカリスマに教えてもらった
究極のチャーハンの作り方を大公開!
それぞれ作り方の工程を丁寧に解説しているので、
ポイントをおさえて
美味しいチャーハンを作りましょう。

MAYAさん

世界一美味しいチャーハンの作り方

美味しいチャーハンの三箇条

1 炒める前に材料はすべて準備しておく

2 固めに炊いた温かいご飯に油小さじ1をまぶしておく

3 一度に作る量は2人前までにする

プロフィール

MAYA

忙しくても手軽に作れるごはんが話題を呼び、フォロワー数18万超えに。『見ためは地味だがじつにウマイ！ 作りたくなるお弁当』（KADOKAWA）、『ただ、美味しいだけの晩ごはん』（ワニブックス）など著書多数。

Instagram ID:@heavydrinker

https://www.instagram.com/heavydrinker/

作り方のコツ

MAYAさん流のチャーハンは「時間勝負」。時間の速さと火力の強さがパラリと仕上がるチャーハンのポイントです。

そのためには、**事前準備はとても大切。** 具材は火をしっかりと入れなくてよいものを選択し、あらかじめ小さくカットしておく。

卵もボウルに割り入れて溶いておき、**調味料も分量通りスタンバイ**。**コンロに火をつけてから、多くても2人分ずつ強火で手早く作りましょう。**

さらにご飯を油でコーティングすることで、米同士がくっつきにくく仕上がります。

1人分
158円

先に材料をすべて用意しておいて
強火で手早く仕上げるのが成功の秘訣

究極の五目チャーハン

1 ご飯にサラダ油小さじ1（分量外）をまぶす。全ての材料、調味料はあらかじめ用意しておく。

2 フライパンにサラダ油を強火で熱し、卵を入れたら半熟の状態ですぐにご飯を入れて炒める。

3 よく混ざったらⒶを加えて混ぜ、Ⓑの調味料で味付けする。最後に鍋肌からしょうゆを加える。

［材料］

温かいご飯
（水分を少なめにして炊く）……200g
溶き卵……1個分
サラダ油……大さじ1
しょうゆ……小さじ1/2

Ⓐ
なると……5g（みじん切り）
煮豚（市販可）……20g（みじん切り）
長ねぎ……15g（みじん切り）
ザーサイ……15g（みじん切り）

Ⓑ
昆布茶……小さじ1
塩……小さじ1/4
こしょう……適宜

1人分 **374**円

クセになるエスニックな味。お好みでフライドオニオンを散らして

エスニック風 海老のチャーハン

1 ご飯にサラダ油小さじ1（分量外）をまぶしておく。トッピング用の目玉焼きを作る。

2 別のフライパンにサラダ油を熱し、海老を炒めて一度取り出す。同じフライパンにご飯を入れて炒める。

3 海老を戻して炒め、Ⓐで味付けをする。最後に春菊を加えてさっと火を通す。器に盛り、1の目玉焼きをのせる。

[材料]

- 温かいご飯（水分を少なめにして炊く）…… 200g
- 海老 …… 6尾
- 卵 …… 1個
- サラダ油 …… 大さじ1
- 春菊 …… 30g（みじん切り）
- Ⓐ
  - ナンプラー …… 小さじ1
  - 昆布茶 …… 小さじ1/2
  - 塩（好みで）…… 適宜

めぐみさん

世界一美味しいチャーハンの作り方

美味しいチャーハンの三箇条

1 鍋に油をたっぷり（大さじ3くらい）ひく

2 ご飯はヘラでつぶすように炒める

3 中華鍋×強火で手早く仕上げる

プロフィール

めぐみ

夫、娘2人の4人家族の主婦。手軽に作れて栄養満点な献立やレシピをのせた毎日の晩ごはんの投稿が反響を呼び、主婦を中心に人気を集めている。
Instagram ID：@meguhanasora
https://www.instagram.com/meguhanasora/

作り方のコツ

シンプルな味付けの卵チャーハンに、豚バラとニラの甘辛炒めをどーんとのせたボリューム満点のチャーハンがめぐみさん流。

基本のチャーハンは中華鍋を使い、強火で手早く作るため、あらかじめ調味料は準備しておき、卵も溶いておきます。

家でもパラパラに仕上げるコツは**中華鍋にたっぷりの油をひく**こと。さらに卵を入れたらすぐごはんを入れ、**ヘラでご飯をつぶすように炒める**ことで卵とご飯が丁度よく絡み合ったパラパラのチャーハンが完成します。

1人分
269円

シンプルなチャーハンに豚肉炒めをのせて豪華に。
お肉とチャーハンを混ぜながらいただこう

豚バラのせ ガッツリチャーハン

1

中華鍋を十分に温め、サラダ油を多め（大さじ3程度）にひき、卵を入れてすぐにご飯を加える。

2

つぶすように混ぜ、大体混ざったら、ねぎと塩、こしょう、鶏がらスープの素を加え、全体に混ぜて器に盛る。

3

フライパンにサラダ油適量をひき、豚肉を入れて炒める。火が通ったらニラ、混ぜ合わせたⒶを加えて全体に絡める。2の上にのせる。

［材料］

温かいご飯……200g
溶き卵……2個分
豚バラ薄切り肉…100g（2cm幅）
ニラ……2本（2cm幅）
ねぎ……3cm（みじん切り）

Ⓐ
酒……小さじ1
しょうゆ……小さじ1
みりん……小さじ1
オイスターソース…小さじ1
砂糖……小さじ1
おろししょうが…小さじ1/2

サラダ油……適量
塩、こしょう……各少々
鶏がらスープの素…小さじ1/2

1人分
129円

レタスはサッと火を通して仕上げて。
程よく残った食感が絶妙!

シャキシャキレタスのカレーチャーハン

1

レタスは洗ってペーパータオルで水気をとる。フライパンにサラダ油をひき、ひき肉を炒める。

2

ひき肉に火が通ったら、カレー粉を加えて粉っぽさがなくなるまで炒める。卵を加えてすぐにご飯を入れ、つぶすように混ぜる。

3

塩、こしょうとウスターソースを回し入れて炒め、最後にレタスを手でちぎりながら加えて軽く混ぜる。

[材料]

温かいご飯	200g
溶き卵	1個分
合いびき肉	70g
サニーレタス	2枚
サラダ油	適量
カレー粉	小さじ1と1/2
塩、こしょう	各少々
ウスターソース	小さじ1

masayoさん 世界一美味しいチャーハンの作り方

美味しいチャーハンの三箇条

1 卵は溶かずにフライパンの中でかき混ぜる

2 普段より水を少し（1合あたり大さじ1）減らした固めのご飯で作る

3 味つけは「吉野杉樽天然醸造醤油」のみで仕上げる

プロフィール

masayo

朝ごはんを中心に、パン料理やスイーツなどのおうちで作れるおやつの投稿がInstagramで人気。不定期で料理教室も開催。

Instagram ID：@ masayo_san

https://www.instagram.com/masayo_san/

作り方のコツ

masayoさんが小さいころから食べているという卵チャーハン。味つけはしょうゆのみというとてもシンプルなものですが、作り方は少し個性的です。

卵は溶かずにフライパンにポトンと割り入れて、すぐにしょうゆ、そのあとにご飯をのせて炒めます。

あえて溶かないことで白身と黄身が均一に混ざらないので、それぞれ味に違いが出るのがおいしさの秘密。味つけはしょうゆのみで、フンドーキン醤油株式会社の「吉野杉樽天然醸造醤油」を使います。IHなので鍋は振らずに作ります。

1人分
40
円
白身と黄身の味の違いを楽しめる。
やさしい味のシンプルチャーハン

世界一シンプルな卵チャーハン

1 フライパンにサラダ油を入れて熱し、卵を割り入れ、すぐにしょうゆを加える。

2 黄身が固まらないうちにご飯を加える。

3 ご飯に卵をまとわす感じで、よく炒め合わせる。

［材料］

温かいご飯（固めに炊く）……………………………………………… 200g
卵 ……………………………………………………………………………… 1個
サラダ油 ………………………………………………………………… 小さじ1
しょうゆ（吉野杉樽天然醸造醤油）… 小さじ2程度（少し多めが美味しい）

しらすと大葉のチャーハン

1人分 179円

大葉の香りでさっぱり。
ごまをプラスすることで食感よくいただけます

1 熱したフライパンにごま油をひき、しらすを入れて炒め、水分を飛ばす。

2 ご飯、溶いた卵、しょうゆをご飯の上にかけるように加えてよく炒める。

3 最後に大葉とごまを加えて軽く混ぜる。

［材料］

- 温かいご飯（固めに炊く）……200g
- 溶き卵……1個分
- しらす……30g
- 大葉……2枚（刻む）
- ごま油……小さじ1
- しょうゆ（吉野杉樽天然醸造醤油）……小さじ1
- ごま……適量

ゆうきさん
世界一美味しいチャーハンの作り方

美味しいチャーハンの三箇条

1 固めに炊いた温かいご飯を使う

2 フライパンは振らず、切るようにご飯を混ぜる

3 調味料はフライパンの空いたところで少し焦がす

プロフィール

ゆうき

ブログやInstagramで毎日のごはんをレシピ付きで投稿している。『ゆうき酒場の晩ごはんにもおつまみにも鶏肉・豚肉で絶品おかず』（KADOKAWA）が好評発売中。
Instagram ID：@ yuukitohikari
https://www.instagram.com/yuukitohikari/

作り方のコツ

チャーハンの味を左右する調味料。
基本的には具材とご飯を炒め合わせたあと、
その上から調味料を加えることが多いですが、
ゆうきさんの場合はひと味違います。

一度**フライパンの端に食材を寄せてスペースを作り、空いたところに調味料を入れ、じゅーっと火を入れて少し焦がす**のがポイント。

そうすることで、**香ばしさがアップ！**

しょうゆの香りが引き立った美味しいチャーハンができあがります。

1人分
140
円
焦がしじょうゆが食欲をそそる。
メンマの食感もポイントです

焦がしじょうゆ香る海老と卵のチャーハン

1

温めたフライパンにサラダ油をひき、卵を入れて炒め、半熟状態で海老を加えてさっと炒める。

2

ご飯とメンマを加え、ご飯の塊をなくすように軽く炒める。

3

フライパンの端を少し空けてⒶを入れ、香りを出してから素早く混ぜるように炒める。仕上げに塩で味を調える。

[材料]

温かいご飯……200g
小海老……40g
溶き卵……1個分
味付けメンマ…15g（粗みじん切り）
サラダ油……小さじ1と1/2

Ⓐ
- 鶏がらスープの素…小さじ1/2
- 酒……小さじ1
- しょうゆ……小さじ1/2

塩……少々

1人分 190円

ガッツリパンチのきいた味。
バターを2回に分けて入れるとコクがアップ

ベーコンとねぎのガリバタ★チャーハン

1

温めたフライパンにバター半量を入れ、半分溶けたら、にんにくを入れて炒める。

2

香りが出たらベーコンを加えて炒め、表面が軽くカリッとしたら、ご飯を加えて素早く炒め合わせる。

3

フライパンの端を少し空けてしょうゆ、残りのバターを入れて、香りを出してから素早く炒める。仕上げにねぎと塩を加え、黒こしょうをふり、ざっくり炒める。

[材料]

温かいご飯……200g
厚切りベーコン……40g（5㎜角に切る）
万能ねぎ……3本（小口切り）
バター……10g
にんにく……1かけ（薄切り）
しょうゆ……小さじ1
塩……2つまみ
粗びき黒こしょう……少々

utoshさん
世界一美味しいチャーハンの作り方

美味しいチャーハンの三箇条

1. **ご飯と卵は炒める前に混ぜておく**
2. **ベーコンチャーハン、ひき肉あんでガッツリと**
3. **肉あんのとろみは最後につける**

ベーコンとレタスのシンプルな卵チャーハンに、**ひき肉で作ったあんをたっぷりかけた**ガッツリ男ご飯。

プロフィール

Toshihiro Ueki

おしゃれな盛り付けとスタイリングがInstagramで好評。イラストレーターである奥様とプロデュースした器ブランド「SOROI」が2018年スタート。
Instagram ID: @utosh
https://www.instagram.com/utosh/

作り方のコツ

先にご飯と卵を
混ぜ合わせてから作るチャーハンは、
とろりとしたあんに合う
パラパラの仕上がり。
片栗粉でとろみをつけてからは
完成まで手早く作って。

1人分 172円

パラリと仕上げたチャーハンに
ボリューム満点の肉あんの絶妙な組み合わせ

肉そぼろあんかけチャーハン

1 フライパンにサラダ油半量を熱し、ひき肉をポロポロになるまで炒め、Ⓐを加えて煮立たせて、一度おいておく。

2 ボウルに卵を割り入れてよく溶きほぐし、ご飯を加えて混ぜる。

3 別のフライパンに残りのサラダ油をひいてベーコンを炒め、2、レタスを加えてよく炒める。塩で味を調えて器に盛る。1に水溶き片栗粉を加えてあんを作り、チャーハンの上からかける。

[材料]

ご飯……200g
豚ひき肉……70g
レタス……1/4枚（ちぎる）
ベーコン……20g（細かく切る）
卵……1個
塩……適量（小さじ1/5程度）
サラダ油……小さじ2
水溶き片栗粉
……小さじ1（とろみがつく量）

Ⓐ
しょうゆ……小さじ1/2
酒……小さじ1/2
みりん……小さじ1/2
水……150㎖
鶏ガラスープの素（顆粒）……2g程度

母熊さん 世界一美味しいチャーハンの作り方

美味しいチャーハンの三箇条

1 **温かいご飯で作る**

2 **ご飯は素早く均一に広げる**

3 **切るように混ぜる**

母熊家で人気のガッツリ系メニュー「こくうま! バターコーンチャーハン」。**にんにくとバターでパンチの利いた一皿に、くるみの食感も加わって美味。**ステーキのお供にもおすすめです。

プロフィール

母熊

フルタイムで働く傍ら、毎日のお弁当、常備菜などをInstagramに投稿し、人気を集めている。
Instagram ID: @rosso___
(※アンダーバーは3本)
https://www.instagram.com/rosso___/

［作り方のコツ］
フライパンに入れてから
手早く仕上げるのがコツ。
ご飯を入れたら均一に広げて、
そこから切るようにほぐしながら炒めます。
さらに、バターは後入れにすることで
よりコクがアップ。

1人分
190円

くるみの食感と
後混ぜしたバターの風味が最高!

コクうま！バターコーンチャーハン

1 フライパンにサラダ油、にんにく、ベーコンを入れて加熱する。香りが立ち、ベーコンがカリカリになったら、とうもろこしを加えて炒める。

2 ご飯を加えて手早く均一に広げる。そこから切るようにほぐし混ぜながら炒める。

3 くるみ、コンソメスープの素を加えてさらに炒める。ご飯がパラパラになったら、バターを全体に混ぜる。塩、こしょうで味を調える。

[材料]

温かいご飯 …… 200g
とうもろこし …… 1本
(ゆでて身を削ぐ、缶詰なら正味重量120g)
薄切りベーコン …… 50g(7㎜幅に切る)
にんにくのみじん切り …… 1片分(8～10g)
サラダ油 …… 大さじ1
くるみ …… 10g(くだく)
コンソメスープの素(顆粒) …… 小さじ1
バター …… 10g
塩、こしょう …… 各適宜

\ みんなの /

チャーハンのポイントまとめ

	ご飯	卵	その他具材	火加減
MAYAさん	温かいご飯（固めに炊く）に油をまぶす	溶き卵	小さくカットしておく	強火
めぐみさん	温かいご飯	溶き卵	肉は別で炒めてのせる	強火
masayoさん	1合あたり大さじ1程度水を減らして炊いたご飯	溶かずにフライパンに割り入れる	なし	強めの中火
ゆうきさん	温かいご飯（固めに炊く）	溶き卵	調味料は鍋肌から加える	強めの中火
utoshさん	温かいご飯	あらかじめご飯と混ぜる	あんは最後にとろみをつける	中火
母熊さん	温かいご飯	なし	くるみを足して食感を出す	中火

じゅっ
じゅうー
やっぱりご飯は“チャーハンのために”炊くのがGOOD!

Chapter 2

MAYAさん

コスパ良し!

アレンジ豊富な卵料理

ゆでたり、焼いたり、炒めたり……
調理の仕方次第で
いろいろなレシピが楽しめる卵料理。
ここではMAYAさんに聞いた、
簡単に作れてとびきり美味しい
卵料理をご紹介します。

旨辛風味がおつまみにぴったり！
超簡単味付け玉子

本気の旨辛味玉

［材料］（5個分）

卵……5個
水……適量

Ⓐ
- 麺つゆ、水……各大さじ2
- 豆板醤、オイスターソース……各大さじ1
- 砂糖……ひとつまみ
- ラー油（好みで）……適量

1. 鍋に湯を沸かし、沸騰したら冷蔵庫から取り出した卵を入れ8分ゆでる。
2. 卵を冷水で冷まして殻をむく。
3. 2と混ぜたⒶを一緒にジッパーつき保存袋に入れて、冷蔵庫でひと晩おく。

Point

ジッパーつきの袋に調味料と卵を入れ、空気を抜いて冷蔵庫へ。味がなじみやすくなる。

1個分
10
円

黙っちゃう 厚焼き卵

1人分 29円

[材料]

卵……3個

Ⓐ
- 水……大さじ1
- 砂糖……小さじ2
- マヨネーズ……小さじ1
- 塩……少々

サラダ油……適量

大根おろし、わさび海苔……各適量

1. ボウルに卵、Ⓐを入れ、卵の白身を切るようにして混ぜる。
2. 卵焼き器にサラダ油をひいて中火で熱し、3回に分けて1を流し入れ卵焼きを作る。
3. 焼き上がった卵を均等に切って器に盛り、大根おろし、わさび海苔をそえる。

Point

中火を保ち、一気に焼き上げるのがポイント。外側が焼けはじめたら、箸で素早く丸めていく。

元祖おふくろの味。
ふっくら焼きたてが
おいしい!

1人分
114円

具だくさんで作って栄養満点!
晩ご飯にも、お弁当にも

デパ地下顔負け
スパニッシュオムレツ

[材料]

卵……3個
ピーマン、じゃがいも、玉ねぎ……各適量
マヨネーズ……小さじ1
砂糖、塩……各少々
サラダ油……適量

1 ピーマン、じゃがいも、玉ねぎはそれぞれ5㎜角に切る。それらを電子レンジで1分ほど加熱する。

2 ボウルに卵を割り入れ、マヨネーズ、砂糖、塩、1を加えて混ぜ合わせる。

3 卵焼き器にサラダ油をひいて熱し、2を流し入れ、ふたをして蒸し焼きにする。焼けてきたら裏返し、同様に焼く。

Point

中火で蒸し焼きにするのがポイント。片面が焼けてきたら裏返して蒸し焼きにする。

新世界の卵豆腐

1個分
20円

[材料]（2個分）

卵……2個
水……1カップ
しょうゆ……大さじ1と1/2
こんぶ茶、みりん……各小さじ1
瓶づめなめたけ（市販品）……適量

1. ボウルに卵を割り入れ、水、しょうゆ、こんぶ茶、みりんを入れて混ぜる。
2. ざるを使って1をこしながら容器に入れ、弱火で15分ほど蒸す。
3. 2を冷蔵庫に入れ、冷めたらなめたけをかける。

Point

こす時は、一気にこすのでなく少しずつこしていくと液が滑らかになり、風味が増す。

あっさり風味が美味!
卵の味を楽しめます

1人分
114
円
ほっこり肉じゃがが
ふんわり卵の中から登場!!

飛び出るお母さんの味。
肉じゃがオムレツ

[材料]

卵……3個
豚こま切れ肉……適量
じゃがいも、にんじん、玉ねぎ……各適量
Ⓐ
- 水、しょうゆ、酒……各大さじ1
- 砂糖……大さじ2

砂糖、塩……各少々
サラダ油……適量

1. 豚肉、じゃがいも、にんじん、玉ねぎは小さめの一口大に切る。
2. 耐熱容器に1、Ⓐを入れ、電子レンジで5分ほど加熱する。じゃがいもが柔らかくなるまで様子をみながら再加熱し、混ぜる。
3. ボウルに卵を割り入れ、砂糖と塩を混ぜる。フライパンを熱してサラダ油をひき、卵液を流し入れ2を包んでオムレツを作る。

Point

肉じゃがは、完成したら汁気を切っておく。卵の半分くらいのスペースに肉じゃがをのせ、ふたつ折りにする。

子どもも食べざるを得ない やみつきピーマンの卵炒め

1人分 114円

ピーマンの切り方がポイント。
子どももこれならパクパク食べてくれる

［材料］

- 卵……2個
- ピーマン……3個
- ツナ缶……1缶（70g）
- マヨネーズ、砂糖、塩……各少々
- 昆布茶……少々
- ごま油……適量

1. ボウルに卵を割り入れ、マヨネーズ、砂糖、塩を加えて混ぜる。ピーマンは、縦の細切りにする。
2. フライパンを熱してごま油をひき、油をきったツナ、ピーマンを炒める。
3. 昆布茶で味つけをし、最後に1の卵を加えて軽く炒める。

Point

ピーマンは縦切りにすると、独特の苦みがおさえられる。

栄養の小宇宙《コスモ》 ツナの擬製豆腐

[材料]

溶き卵	3個分	しいたけ	2個
ツナ缶	1缶（70g）	小ねぎの小口切り	2本
木綿豆腐	1丁	ごま油	適量
にんじん	3cm	めんつゆ	大さじ1

1人分
185
円

野菜もたっぷり栄養満点!
卵が隠れ主役の激ウマレシピ

野菜をたっぷりと
入れられるから
栄養も満点
トントン
トントン

1. 木綿豆腐は水切りをする。にんじん、しいたけは千切りにする。

2. フライパンを熱してごま油をひき、1を入れてほぐしながら炒める。豆腐の水分が飛んだら小ねぎ、ツナを加えて炒め、めんつゆで味つけする。

3. 2に卵を加え、卵焼き器で弱火で焼く。アルミホイルなどでふたをするとよい。

Point

木綿豆腐をしっかりと炒めて水分を飛ばしたあと、ツナを加える。

COLUMN
01

MAYAさんに聞いた！
もっと美味しい
料理の簡単テクニック

同じお料理でも
作り方は変えず
味つけを変化させて楽しむ

毎日献立を変えなければと必死になって、いろいろとレシピを考えていると料理自体、おっくうになってしまいがち。そんなときこそ定番のレシピをひとつだけ覚えて、それをベースに味つけを変えましょう。簡単に違った味を楽しめて苦になりません。例えば大定番料理の唐揚げなら……

①のり塩（揚げたての唐揚げにふる）
②山椒（揚げたての唐揚げにふる）
③チリマヨ（スイートチリソースとマヨネーズを1：1であわせて唐揚げに絡める）
④ねぎだれ（長ねぎ2/3本にごま油大さじ2、鶏ガラスープの素、砂糖、塩各少々を混ぜたソースを唐揚げとあわせる）

こういった感じで、唐揚げだけでもこんなにバリエーションが楽しめます！そのほかにも卵焼きの具材を変えたりと別の料理でも応用してみても楽しいですよ！

Chapter 3

めぐみさん

即作れる!酒飲みの味方

スピーディ おつまみ

一刻も早く飲みたい！
そんなときにはパッと作って、
すぐに乾杯できるおつまみが最適です。
冷蔵庫にある材料で家飲みが楽しめる、
めぐみさん直伝のレシピをご紹介。

とろ～りチーズでおいしさアップ！
なすとミンチのヘルシーおつまみ

1人分
179
円

ワインの親友 なすとミンチのチーズ焼き

[材料]

なす……1本
合いびき肉……70g
とろけるチーズ……30g
サラダ油……適量
塩、こしょう……各少量
ウスターソース、ケチャップ、マヨネーズ……各小さじ1

1
なすは輪切りにし、水にさらして水気を切る。フライパンにサラダ油をひき、なすをしんなりするまで炒める。ひき肉を加えてさらに炒め、塩、こしょうをふる。

2
耐熱容器に1を入れ、ウスターソース、ケチャップ、マヨネーズを格子状にかけ、上にチーズをのせる。

3
オーブンまたはトースターで、チーズがキツネ色になるまで焼く。

Point

とろけるチーズは、全体に均等にまんべんなくかけるとおいしさが増す。焼き加減はこまめにチェック！

ビールの親友
キムチーズ油揚げ

1人分
62
円

［材料］

油揚げ……………………………2枚
とろけるチーズ……………………適量
キムチ……………………………適量

1 フライパンを中火で熱し、油揚げがパリッとするまで両面を焼く。

2 1の上に、キムチ、チーズを順にのせる。

3 2をトースターに入れ、チーズが溶けるまで焼く。

Point

油揚げは中火で焼くのがポイント。時々ひっくり返し、箸で表面がパリッとしているのがわかるまで焼く。

キムチとチーズが好相性!
お酒がすすむ
シンプルレシピ

1人分
75
円
ゆずこしょうでピリっと!
箸が止まらないおいしさ

ビールの彼女
砂肝のゆずこしょう炒め

[材料]

砂肝……………………………100g
ゆずこしょう…………小さじ1/2
サラダ油……………………………適量
酒、しょうゆ…………各小さじ1

1 フライパンを強火で熱し、サラダ油をひく。

2 砂肝を入れ、火が通るまで炒める。

3 2に、酒、しょうゆ、ゆずこしょうを加え、全体的に混ぜる。

Point

砂肝を炒めるときは、しっかり焼き色がつくくらい炒めると美味しさアップ! ビールのお供におすすめ。

ビールの彼氏 ペペロンチーノ枝豆

1人分 46円

[材料]

冷凍枝豆……70g
赤唐辛子の小口切り……適量
にんにく……ひとかけ
オリーブ油……大さじ1

1. にんにくはみじん切りにする。フライパンにオリーブ油とにんにく、唐辛子を入れてから火つける。
2. にんにくの香りが出てきたら、冷凍枝豆をそのまま加える。
3. 枝豆に火が通り、オリーブ油が全体に回ったらできあがり。

Point

にんにくは、焦がさないようゆっくり炒める。冷凍枝豆は塩味がついているため、そのまま炒めるだけでOK。

冷凍枝豆がナイスなつまみに!
ピリ辛風味でどんどん進む

ベーコンとチーズをはさんで
新感覚のはんぺんサンド
1人分
151
円

全ての親友
はんぺんチーズベーコン

[材料]

はんぺん……1枚
ハーフベーコン……2枚
とろけるチーズ……適量
バター……適量

1. はんぺんを半分に切り、真ん中に切り込みを入れる。
2. 切り込みに、ベーコンとチーズをはさむ。
3. フライパンを熱してバターを溶かし、はんぺんがキツネ色になるまで両面を焼く。好みでしょうゆをかけていただく。

Point

サンドイッチを作る感覚で具材をはさむ。とろけるチーズは入れすぎるとはみ出てしまうので注意。

日本酒にも合う 手羽中の甘辛煮

1人分 348円

[材料]

手羽中……10本
サラダ油……適量
酒、しょうゆ、みりん……各大さじ1
砂糖……小さじ2

1. フライパンにサラダ油をひき、手羽中を並べて全体に火が通るよう焼く。
2. 1に、酒、しょうゆ、みりん、砂糖を加える。
3. 水分が半分くらいになるまで煮詰める。

Point

手羽中は、途中で全体を返して煮る。とろみがついてきたら、全体にからめて味をしみこませるのがポイント。

甘辛風味がクセになる!
ごはんも進むゴールデンおつまみ

カリッ!　パリッ!　香ばしい
揚げワンタンとベーコンのハーモニー

大葉とベーコンのワンタン

1人分 40円

[材料]

大葉 …… 2枚
ハーフベーコン …… 1枚
ワンタンの皮 …… 4枚
サラダ油 …… 適量

1 大葉は縦半分に切る。ベーコンは5㎜幅に切る。

2 ワンタンの皮に**1**をはさみ、皮のはしに水をつけて包む。

3 180度に熱したサラダ油で**2**をキツネ色になるまで揚げる。

Point

5㎜に切ったベーコンは、ワンタンに包む前に4等分にしておき、それぞれ同じ量で包む。

じゃがいものたらこ炒め

［材料］

じゃがいも……………………1個
たらこ……………………1/2はら
サラダ油……………………適量
塩、こしょう……………………各少量
マヨネーズ……………………小さじ1/2

1 じゃがいもは千切りにし、水にさらしてから水気をよく切っておく。

2 フライパンに少し多めにサラダ油をひき、じゃがいもがすき通るまで炒める。

3 たらこをほぐしながら2に入れ、塩、こしょう、マヨネーズを加えて全体に混ぜる。

Point

じゃがいもは、細く切らないと火が通りにくいので注意。たらこはほぐしながら全体にからめると風味がアップ。

1人分 100円

じゃがいもとたらこの意外な組み合わせ。
少し食感を残して仕上げて

COLUMN
02

めぐみさんに聞いた！
さらに美味しい
料理の簡単テクニック

黄金比さえ覚えておけば完璧！
最強タレ&ソース

料理を味つけするときに、毎回調味料の分量を計るのが面倒くさい……なんて思ったことありませんか？　細かい分量なんて覚えていなくても、この比率で作れば大体美味しくなる！そんな料理に万能な便利たれをご紹介します。

①甘辛たれ

酒：しょうゆ：みりん：砂糖＝2：2：2：1
鶏ももソテー、つくね、ブリの照り焼きなど、煮物、焼き物何にでも使える和風たれです。

②旨味だれ

鶏ガラスープの素：ごま油＝1：1
きゅうり、キャベツの即席漬け、唐揚げの下味、豚しゃぶ、冷奴などメインからサブおかずまでこなせる旨味だれ。

③カレータルタルソース

ゆで卵2個につき→マヨネーズ：酢：カレー粉＝6：1：1
+塩、こしょうをちょっと。
フライ全般、食パンにのせて焼いたり、サラダのドレッシングにも使えちゃいます！

Chapter 4

ゆうきさん

ボリューム満点◎

毎日食べても飽きない めんレシピ

分量の調節もしやすいし、
一品で献立が完結するコスパ抜群のめん類は、
ひとり暮らしの味方。
中華麺、うどん、パスタ料理など、バリエーション豊富な
ゆうきさんのレシピを教えます。

やみつき塩焼きそば

レモンをしぼって
あっさり風味。
ちゃちゃっと作る
塩焼きそば

[材料]

焼きそば麺	1袋
もやし	1/2袋
にら	1/3束
豚薄切り肉	50g
サラダ油	小さじ1弱
Ⓐ 和風だしの素（顆粒）	小さじ1弱
Ⓐ 塩	少々
Ⓐ ごま油	小さじ1
粗びき黒こしょう	適量

1人分
209
円

焼きそば麺は電子レンジで加熱してから
炒めると麺がほぐれやすくなります
じゅっ
じゅう——

1 焼きそば麺は袋の端を少しやぶき、電子レンジで30秒温めておく。にらは3㎝の長さに、豚肉は一口大に切る。

2 フライパンを中火で熱してサラダ油をひき、豚肉を炒める。豚肉の色が変わったら、もやしを加えて少し火を強めて炒める。

3 1分ほど炒めたら、1の焼きそば麺を加えて少しほぐし、Ⓐとにらを加えて火は強めのまましっかり炒め合わせる。1分ほど炒めたら、仕上げに黒こしょうをふる。

Point

にらはすぐにしんなりしてしまうので、最後に入れてしっかり炒め合わせる。強火を保つのがポイント。

お蕎麦屋さんのカレーうどん

これぞ王道の味！
レトルトカレーで
スピード調理

［材料］

冷凍うどん……1袋

Ⓐ
- レトルトカレー……1個
- めんつゆ（3倍濃縮）……25mℓ

卵……1個
水……250mℓ
和風だしの素……小さじ1弱
水溶き片栗粉（水と片栗粉を1：1）……大さじ2
万能ねぎの小口切り……適量

1人分
152円

レトルトカレーと
めんつゆで簡単に。
前日の残りカレーでも
作れます

1

卵は耐熱コップに入れ、かぶるくらいの水を加え、電子レンジで1分加熱する。足りないようならさらに30秒加熱して、半熟卵をつくる。

2

うどんは電子レンジで解凍し、冷水で冷まして水気を切る。鍋に水を入れて湯を沸かし、Ⓐを入れたら中火にして混ぜる。煮立ったら和風だしの素を入れ、軽く混ぜる。

3

一度火を止め、水溶き片栗粉でとろみをつける。とろみがついたら再び火をつけ、ぐつぐつするまで火を入れる。器にうどんを入れてカレーをかけ、卵、万能ねぎをのせる。

Point

水溶き片栗粉で一度とろみをつけたあと、再び火をつけ、ぐつぐつと煮立たせるのが美味しさのポイント。

暑い夏にツルツル食べられる。
すだちをしぼればさらにさっぱり!

豚しゃぶおろしうどん

[材料]

豚しゃぶしゃぶ用薄切り肉……70g
大根……100g
冷凍うどん……1袋
万能ねぎの小口切り……適量
Ⓐ めんつゆ……40mℓ
　 水……200mℓ
すだち……1/2個

1
豚肉はさっとゆでてざるにあけ、冷ましておく。Ⓐは合わせて冷蔵庫に冷やしておく。大根は皮をむいてすりおろし、軽くしぼる。

2
うどんを電子レンジで解凍してざるに入れ、流水で冷やし、水気を切って器に盛る。

3
2にⒶをかけて大根おろし、豚肉、万能ねぎ、すだちをのせる。

Point

解凍した冷凍うどんは流水で冷やすとめんがしまる。水気はしっかり切ること。

1人分
221
円

ねぎまみれ鶏肉うどん

1人分 145円

[材料]

- 鶏もも肉……70g
- 長ねぎ……1/2本
- 冷凍うどん……1袋
- 水……2と1/4カップ
- 万能ねぎの小口切り……1本分
- Ⓐ
  - 酒……大さじ2
  - みりん……大さじ2
  - しょうゆ……大さじ1
  - 砂糖……小さじ1/2
  - 和風だしの素(顆粒)……小さじ2/3

1 鶏肉は小さめの一口大に切る。長ねぎは5㎜幅の斜め切りにする。

2 鍋に水を入れて湯を沸かし、Ⓐと鶏肉を入れて、途中アクを取りながら弱火で約10分煮る。さらに長ねぎを加え、弱火で1分ほど煮る。

3 うどんを電子レンジで解凍し、器に入れたら2をかけ、万能ねぎをのせる。

Point

長ねぎは煮すぎるとしんなりしてしまうので注意。シャキシャキ感が少し残るくらいがちょうどよい。

ねぎ好きにはたまらない!
栄養たっぷり煮込みうどん

野菜たっぷり!が嬉しい。
サラダ気分で
召し上がれ

コクうま サラダうどん

[材料]

冷凍うどん	1袋
レタス	1/8個
にんじん	15g
プチトマト	3つ
かいわれ大根	1/6パック
ツナ缶	1/2
マヨネーズ	小さじ2
Ⓐ ごま油	小さじ1
Ⓐ ポン酢	小さじ2

1. レタス、にんじんは千切りにし、冷水に浸したら水気を切る。トマトはくし形切り、かいわれ大根は根元を切る。ツナは、油を軽く切り、マヨネーズと混ぜ合わせておく。
2. うどんは、電子レンジで解凍したら氷水で冷やし、ざるにあけて水気を切る。Ⓐと一緒にボウルに入れ、めんにからむようよく混ぜる。
3. 器に2を盛りつけ、1の野菜とツナをのせる。

1人分 189円

Point

めんは、調味料が全体的にからむようよく混ぜるのがポイント。

即席ボロネーゼ風パスタ

[材料]

フェットチーネ	80～90g
牛バラ薄切り肉	70g
玉ねぎ	1/2個
オリーブ油	大さじ1
にんにく	1かけ
カットトマト缶	1/2缶
ビーフシチュールー	1かけ

1 牛肉は1㎝に切る。玉ねぎはみじん切り、にんにくは薄切りにする。フライパンに1ℓの湯をわかし、塩8g（分量外）を入れたら強めの中火にし、パスタをゆでる。

2 フライパンを温め、オリーブ油を入れて牛肉を炒める。肉の色が変わったら端に寄せ、空いたところに、にんにくと玉ねぎを入れよく混ぜながら2分ほど炒め、カットトマト缶を加え2分ほど軽く混ぜる。

3 2にビーフシチュールーとパスタのゆで汁おたま2杯分を加えて混ぜ、表記時間より1分早くあげたパスタを加えてからませる。

Point

市販のビーフシチュールーを使うことで、短時間で本格派のボロネーゼ風パスタが完成。

市販のシチュールーを使って
本場の味を再現!
1人分
245
円

本場の味を本格的に!
素朴な風味が
クセになりそう

毎日食べたい 濃厚カルボナーラ

1人分 309円

[材料]

パスタ	80 〜 90g
厚切りベーコン	50g
オリーブ油	小さじ2
Ⓐ 卵黄	1個分
Ⓐ 生クリーム	40mℓ
Ⓐ 牛乳	50mℓ
Ⓐ 塩	1つまみ
Ⓐ 粉チーズ	15〜20g

1. ベーコンは好みの幅に切る。フライパンに1ℓの湯を沸かし、塩8g（分量外）を入れて軽く混ぜ、パスタをゆでる。ボウルにⒶを入れ、ホイッパーでよく混ぜ合わせる。

2. フライパンを熱してオリーブ油をひき、ベーコンを加えて表面をカリッと焼く。表記時間より1分早めにあげたパスタをフライパンに入れて軽く炒める。

3. 一度火を止め、Ⓐのソースを一気に入れ、素早くトングで混ぜる。再び弱火にかけて20秒ほど混ぜ、ソースを十分に絡める。

Point

ソースはホイッパーを使ってよく混ぜるのがポイント。フライパンに入れる直前にもまぜておくとよい。

ハムときのこの和風スパゲティ

1人分 178円

[材料]

- パスタ……80〜90g
- ロースハム……2枚
- まいたけ……1/2パック
- にんにく……1かけ
- オリーブ油……適量
- しょうゆ……小さじ1
- バター……5g

1
ロースハムは一口大に切り、まいたけは小房に分け、にんにくは薄切りにする。フライパンに1ℓの湯を沸かし、塩8g（分量外）を入れたら強めの中火にし、パスタをゆでる。

2
別のフライパンにオリーブ油とにんにくを入れて火にかけ、香りが出たら、ハムとまいたけを入れて炒める。

3
2にパスタのゆで汁おたま1杯弱としょうゆを加え、表記時間より1分早めにあげたパスタ、バターを加え、トングでよく回しながら炒め合わせる。

Point

にんにくを先に炒めておくと香りづけになる。まいたけは炒めすぎないよう注意。

ほんのり香るまいたけが
大人風の和風スパゲティ

1人分
396円

なめらかなクリームソースが美味。
白ワインのお供に

サーモンとほうれん草のクリームパスタ

［材料］

パスタ	80～90g
生鮭	1切れ
ほうれん草	1/6袋
にんにく	1かけ
オリーブ油	小さじ2
白ワイン	大さじ1
Ⓐ生クリーム	50mℓ
Ⓐ牛乳	50mℓ
Ⓐ顆粒コンソメ	小さじ2/3
Ⓐ粉チーズ	大さじ1

1. 生鮭は一口大に切り、塩少々（分量外）をふる。にんにくは薄切り、ほうれん草は水にさらした後3㎝に切る。フライパンに1ℓの湯を沸かし、沸騰したら塩8g（分量外）を入れて強めの中火でパスタをゆでる。

2. 別のフライパンにオリーブ油とにんにくを入れて熱し、焦がさないように炒める。香りが出たら鮭を入れて両面を焼き、色が変わったら白ワインを加えて2分ほど加熱する。

3. Ⓐを加えて軽く混ぜ、中火のまま1分ほど火を入れる。表記時間より1分早めにあげたパスタと、ほうれん草を加え、しっかり混ぜてソースをからめる。

Point

鮭はよく焼くと風味が増す。そのあとクリームソースを加えて混ぜることで、コクもアップする。

ツナのトマトソーススパゲティ

1人分
203
円

[材料]

- パスタ……80g
- ツナ缶……1/2缶
- カットトマト缶……1/2缶
- 玉ねぎ……小1/2個
- にんにく……1かけ
- オリーブ油……大さじ1
- 大葉の千切り……3枚分

1
玉ねぎは細切り、にんにくはみじん切りにしておく。フライパンに1ℓの湯を沸かし、沸騰したら塩10g（分量外）を入れてパスタをゆでる。

2
別のフライパンにオリーブ油とにんにくを入れて熱し、香りが出たら玉ねぎを加えて炒める。しんなりしたら、ツナを油を切らずに加えてさっと炒める。トマト缶を加えて強火にし、木ベラで混ぜながら煮つめる。

3
3分ほど煮たら、パスタのゆで汁をおたま1杯加え、強火のままよく混ぜる。表記時間より1分早めにあげたパスタを入れてしっかり混ぜてからめる。器に盛り、大葉をのせる。

Point

トマトソースは焦げ付かないよう木べらで混ぜる。水分が飛んでもちっとするくらい煮つめるのがポイント。

1人分
288
円
彩り鮮やかで食欲もUP!
さっぱり風味のシンプルパスタ

ぷりぷり海老とブロッコリーのさっぱり塩オイルパスタ

［材料］

パスタ	80～90g	にんにく	1かけ
冷凍むき海老	6尾	オリーブ油	大さじ3
ブロッコリー	1/6株		

1
フライパンに1ℓのお湯を沸かして塩10g（分量外）を入れ、強めの中火でパスタをゆでる。海老は解凍してさっと洗い、水気を切る。ブロッコリーは小房に分ける。にんにくはみじん切りにする。

2
別のフライパンにオリーブ油、にんにくを入れて焦がさないよう炒め、香りが出たら、海老、ブロッコリーの順にさっと炒める。

3
海老の色が変わったら、パスタのゆで汁をおたま1.5杯入れ、たまにフライパンを回しながら2分ほど加熱する。表記より1分早めにあげたパスタを入れ、水分がほとんどなくなるまで炒める。

Point

オリーブ油とパスタのゆで汁が乳化して混ざるととろみのあるソースになり、めんによくからむ。

Chapter 5

ゆうきさん

ガッツリ食べたいときの
肉料理

食卓のメインはやっぱり肉料理！
白米にもお酒にも合う
ゆうきさん直伝のメニューを
幅広くそろえました。
ボリュームたっぷりの10品をご紹介します。

最強の豚とろねぎ塩炒め

［材料］

豚とろ肉……120g
塩、黒こしょう……各少量

Ⓐ
長ねぎ……1/4本
にんにく……1かけ
ごま油……小さじ2
鶏がらスープの素…小さじ1/3

ねぎの風味がほんのり。
お酒もご飯も進むおかず

1人分
203
円

1

Ⓐの長ねぎは粗みじん切り、にんにくはすりおろす。フライパンを温め、油をひかずに豚とろを焼く。焼き色はしっかりつける。

2

全体が焼けたら、Ⓐを加えて炒める。

3

全体になじんだら、塩で味を調え、仕上げに黒こしょうをふる。

Point

豚とろ肉は、しっかり焼き色をつける。強火にしすぎると全体がこげてしまうので注意する。

元祖！豚肉のしょうが焼き

[材料]

豚ロース薄切り肉	150g
玉ねぎ	小1/2個
サラダ油	大さじ1
Ⓐ 酒	大さじ1
Ⓐ みりん	大さじ1
Ⓐ しょうゆ	大さじ1
Ⓐ ケチャップ	小さじ1
Ⓐ はちみつ	小さじ1
Ⓐ しょうがのすりおろし	10g

おふくろの味！
はちみつとケチャップで
風味がアップ

1人分
386円

1
玉ねぎは芯を取り除き、繊維を断つ方向にそって1cm幅に切る。

2
フライパンにサラダ油半量をひき、玉ねぎを1分ほど炒めたら、皿に取り出しておく。

3
同じフライパンに残りのサラダ油を入れ、豚肉を並べて両面をこんがり焼く。両面焼けたら2を戻し、Ⓐを加えて火を強め、汁気がほとんどなくなり、照りが出たら火をとめる。

Point

まんべんなく火が通るよう、先に玉ねぎを炒めるのがポイント。玉ねぎは炒めすぎず、食感を残す。

1人分
263
円
黒こしょうがアクセント。
パンチのあるひと皿

肉を食べたいときのポークソテー

[材料]

豚肩ローススライス	120g
サラダ油	適量
もやし	1/2袋
塩	少々
にんにく	2かけ
しょうゆ	小さじ1
バター	5g
粗びき黒こしょう	適量

1

フライパンを熱してサラダ油をひき、もやしを炒めたら皿に盛りつける。豚肉に軽く塩をふっておく。にんにくは薄切りにする。

2

1と同じフライパンで豚肉、にんにくを焼く。

3

肉の色が変わったら、しょうゆとバターを加え、さっと炒めて黒こしょうをふり、もやしの上にのせる。

Point

肉の色が変わったら、最初にしょうゆとバターを加える。黒こしょうはアクセントに最後にふる。

やきとり屋さんの 豚バラ串焼き

1人分 **205**円

［材料］ 3本

豚バラブロック肉……………………………120g
あら塩、ゆずこしょう………………………各適量

1 豚肉は約5㎜幅、3㎝の大きさに切り、3～4枚ずつ串に刺していく。

2 1の両面に塩少々をふり、油をひかずにフライパンに並べて両面をこんがり焼く。

3 皿にゆずこしょうを添える。

Point

串刺しにするときは、手で豚肉をしっかりおさえ、串は中央部分にゆっくり刺す。

ゆずこしょうをつけて
大人の味わい。お酒のお供に

夏野菜のおいしさを存分に
味わえるヘルシーレシピ

なすとトマトの塩麻婆

[材料]

- 豚ひき肉……70g
- なす……2本
- トマト……小1個
- サラダ油……適量
- ごま油……小さじ2

Ⓐ
- にんにくのみじん切り、しょうがのみじん切り……各1かけ分
- 豆板醤……小さじ1/2

Ⓑ
- みりん……小さじ1
- しょうゆ……小さじ1/2
- 鶏がらスープの素……小さじ1/2
- 塩……1つまみ
- 水……60mℓ
- 片栗粉……小さじ1

1 なすはヘタをとり、乱切りにして水に浸し、アク抜きしたら水気を切る。その後サラダ油でさっと揚げ、油を切っておく。トマトはくし形に切る。

2 温めたフライパンにごま油をひき、Ⓐを入れてさっと炒める。香りが出たら、ひき肉を加えて炒め、色が変わったらなすとトマトを加えて、ざっくり炒め合わせる。

3 Ⓑを一気に加えてしっかり混ぜ、とろみがついたら、30秒ほどぐつぐつ火を入れる。

Point

なすとトマトを入れてから、ぐつぐつ煮るのは30秒ほど。煮すぎるとなすがしんなりしすぎてしまうので注意。

1人分 **329** 円

女子ウケ! トマトとチーズの肉巻きソテー

[材料]

豚バラ薄切り肉……80g(薄めのもの4枚)
トマト(小ぶり)……1/2個
ベビーチーズ……1/2個
乾燥バジル……適量
オリーブ油……小さじ1
塩、粗びき黒こしょう……各少量

1
トマトはくし形の2等分にする。ベビーチーズは厚さ2等分に切る。豚肉にトマトとチーズをのせ、乾燥バジルを多めにかける。これを最後まで巻いたら、逆のほうからもう1枚の豚肉を巻く。

2
温めたフライパンにオリーブ油を引き、巻き終わりを下にして焼く。コロコロ動かしながら、全面焼き、弱火にしてふたをし、約3分蒸し焼きにする。

3
最後に中火にし、表面をこんがり仕上げ、塩と黒こしょうをふる。

Point
豚バラ肉2枚は、それぞれ逆方向から巻くようにすると、トマトやチーズがはみ出ずきれいに焼ける。

1人分 220円

トマトの酸味が絶妙のアクセント。パクパク何個でもいけそう!

ガーリックと
バジルが肉と野菜の
美味しさをひきたてる

1人分
180
円

チキンとブロッコリーのオニオンガーリック

[材料]

鶏もも肉……150g
ブロッコリー……40g
オリーブ油……大さじ1

Ⓐ
玉ねぎ……小1/3個
にんにく……1かけ
塩……小さじ1/2
オリーブ油……大さじ1
乾燥バジル……小さじ1

1

Ⓐの玉ねぎ、にんにくはみじん切りにする。鶏肉は一口大に切る。ブロッコリーは小房に分け、固めに塩ゆでする。ボウルに鶏肉とⒶの材料を加えてよく混ぜ、ラップをして冷蔵庫で30分～1時間休ませる。

2

温めたフライパンにオリーブ油をひき、1の鶏肉を入れ、焦げないよう弱めの中火で両面をしっかり焼く。

3

鶏肉の色が変わったら、ふたをして2～3分ほど蒸し焼きにする。ブロッコリーも加えてざっくり混ぜる。

Point

ラップをして冷蔵庫で30分以上休ませることで鶏肉に味が染み入り、美味しさが増す。

チキンのマスタードクリームソース

[材料] 1人分

- 鶏もも肉……150g
- 塩……適量
- マッシュルーム……2個
- にんにく……1かけ
- オリーブ油……小さじ2
- Ⓐ 生クリーム……50mℓ
- Ⓐ 粒マスタード……小さじ2/3

1

鶏肉は一口大に切る。全体に塩をふり、ラップをして15分おく。マッシュルーム、にんにくは薄切りにする。

2

温めたフライパンにオリーブ油をひき、鶏肉の皮面を下にして並べ、上ににんにくを散らして焼く。皮がパリッとしたら裏返し、マッシュルームを加え、弱火にしてふたをし3分ほど蒸し焼きにする。

3

ふたを開けて、Ⓐを加えてしっかりと混ぜ、弱火のまま約2分火を入れる。

Point

蒸し焼きにしてから合わせ調味料を混ぜ、弱火で火を入れることで味がよりしみこむ。

マスタードの酸味と
クリームのコクがマッチ!
1人分
255
円

じっくり煮込んでいただく
チキンとトマトの極上おかず

王道＋αの チキンのトマト煮

［材料］

鶏もも肉……150g
塩……適量
玉ねぎ……小1/2個
にんにく……1かけ
オリーブ油……大さじ1と1/2
白ワイン……50mℓ
ピザ用チーズ……大さじ1と1/2

Ⓐ
カットトマト缶……2/3缶（約300g）
顆粒コンソメ……小さじ2/3
砂糖……小さじ2/3

1
鶏肉は一口大に切り、全体に塩をふる。玉ねぎ、にんにくはみじん切りにする。

2
温めたフライパンにオリーブ油とにんにくを入れ、焦げないよう弱めの中火で炒め、香りが出たら、鶏肉を皮面から入れて焼く。両面焼いたら、玉ねぎを加えて炒める。玉ねぎが透明になってきたら白ワインをふり、弱火で約5分煮る。

3
Ⓐの材料を加えてふたをし、弱めの中火で約10分～15分煮る。仕上げにピザ用チーズを入れ、ざっくりと混ぜる。

Point

ピザ用チーズを仕上げにいれることで、より濃厚な味わいに。パラパラ落としながらざっくり混ぜる。

1人分
293
円

韓国が恋しくなる プルコギ

1人分 395円

［材料］

牛こま切れ肉	100g
玉ねぎ	小1/2個
にんじん	20g
にら	1/4束
しいたけ	2つ
ごま油	小さじ2

Ⓐ	にんにくのすりおろし	1かけ分
Ⓐ	コチュジャン	小さじ1と1/2
Ⓐ	しょうゆ	小さじ2
Ⓐ	酒	小さじ2
Ⓐ	砂糖	小さじ1/2

1. ボウルに一口大にした牛肉とⒶを入れてしっかり混ぜ合わせ、冷蔵庫で30分ほどおく。玉ねぎは薄切り、にんじんは千切り、にらは3cm幅に、しいたけは薄切りにする。
2. フライパンにごま油をひき、玉ねぎ、にんじんを軽く炒めたら、1の肉を加えて炒め合わせる。
3. 牛肉の色が変わったら、しいたけも加えて炒め、最後ににらを加えてさっと炒める。

Point

しいたけは、牛肉の色が変わってから入れて炒める。均等に加えると炒めやすく、味もなじみやすい。

材料さえ切ってしまえば
焼くだけで完成!

COLUMN 03

ゆうきさんに聞いた！もっと楽しい料理の簡単テクニック

コンビニで買ってほしい最強食材は生ハム！

忙しいとき、夜遅く帰ったとき、頼りになるのがコンビニ。コンビニごはんをそのまま食べるのではなく、ちょっぴりアレンジして素敵ごはんに変身させましょう！今回ご紹介したい最強コンビニ食材は「生ハム」。そのままでももちろん美味しいですが、アレンジの幅が広いのも嬉しいポイント。

調理例はこちら

①生ハムクリームチーズクラッカー　クラッカーにクリームチーズを塗り生ハムをのせ、黒こしょうをふる。

②生ハムシーザー　コンビニで買えるカット野菜に、生ハムをのせて粉チーズをかける。

③生ハムパスタ　塩ゆでしたパスタをオリーブ油であえ、生ハムをのせて、黒こしょうをふる。

④生ハムとアボカドのわさび醤油　一口大に切ったアボカドに生ハムをのせて、わさび醤油でいただく。

⑤生ハム冷奴　一口大に切った豆腐に生ハムを巻いて、大葉を散らして、オリーブオイルをかける。

Chapter 6

母熊さん

1品で大満足！

大人も子どもも大好きな丼もの

家にごはんさえあれば何とかなる！
おかずをのせたり、リゾット風にしたり……
1食で満足度が高い料理に大変身。
そんな安定感抜群の
母熊さんのレシピが満載です。

激ウマ！鶏皮甘辛丼

鶏むね肉の皮を使って
コラーゲンたっぷりの丼！

[材料]

- 温かいご飯 …… 1杯分
- 鶏むね肉の皮 …… 2枚
- 塩、こしょう …… 各適量
- 酒 …… 大さじ2
- 片栗粉 …… 大さじ1
- サラダ油 …… 適量
- 小ねぎの小口切り …… 適量

Ⓐ
- 砂糖 …… 大さじ1
- しょうゆ …… 大さじ1
- 酒 …… 大さじ1
- 水 …… 大さじ1

1人分
31
円

調理の工程で
取ってしまうことが多い鶏皮。
捨てずに保存しておけば
激ウマ丼ぶりに変身します！

1
鶏皮を小さく切ってビニール袋に入れ、塩、こしょう、酒を入れてもみこむ。片栗粉を加えてさらにもむ。

2
フライパンにサラダ油を熱し、1を箸でほぐしながらカリッとするまで揚げ焼きにし、一旦取り出す。

3
フライパンにⒶの調味料を入れて熱し、砂糖が溶けたら2を加えてたれがとろっとするまでからめる。丼ぶりにご飯を盛り、小ねぎをさっと盛り、鶏皮の甘辛煮をのせる。

Point

鶏皮はこのくらいまでカラリと揚げると、たれで煮絡めても食感が残ってgood！

ぬか漬けが苦手な方は
卵をめんつゆに漬けて作ってもOK

半熟味卵のせ丼

[材料]

温かいご飯 ……………………… 1杯分
卵 ………………………………… 2個
韓国海苔フレーク(P156で紹介、なければ市販の海苔で可) ……… ひとつかみ
ぬか床 …………………………… 適量

1 小鍋に湯を沸騰させ、卵をさっと水でぬらして入れ、7分ゆでる。

2 卵の殻をむき、ぬか床に1日つける。ぬか床から卵を取り出し、水で流して水分をふきとり、テグスで8つに切る。

3 丼にご飯を盛り、韓国海苔フレークをさっと盛り2をのせる。

Point

卵をテグスで8等分に切るときは、卵を手の平にのせ、縦横に4等分→ななめに2等分の順番で。

1人分
40
円

コンポタ茶わんむしリゾット

［材料］

米 …… 100g
クリームチーズ …… 2個
くるみ …… 適量

Ⓐ
卵 …… 1個
豆乳（牛乳でもOK） …… 150mℓ
粒入りコーンポタージュの素 …… 1袋
塩、こしょう …… 各適量

1. 米はぬめりを洗ってざるにあけ、耐熱容器に入れる。
2. Ⓐをよく混ぜて1の器に流し入れ、クリームチーズを小さくちぎって入れる。
3. 電子レンジ（300w）で7分加熱後、ほぼ固まっているようなら、くだいたくるみをトッピングし、様子を見ながら30秒ずつ加熱し固まったら完成。

Point

豆乳がなければ牛乳でもOK。粒入りコーンポタージュの素を使うことで、コーンのツブツブ感が味わえる。

とろ～りコンポタと豆乳が
ベストマッチの極上リゾット
1人分
106
円

パリパリの油揚げと甘辛タレが高相性。
ご飯はすし飯にしても美味しい

パリパリきつね丼

1人分
68
円

[材料]

温かいご飯……1杯分
油揚げ……2枚

Ⓐ
砂糖……大さじ1
みりん……大さじ1
しょうゆ……大さじ1
水……大さじ1

1. 油揚げをざるに置き、熱湯を回しかけて油抜きをする（美味しい油揚げはそのままでもOK）。
2. 1を短冊切りにし、フライパンに並べ、全体に軽く焼き目がつくまで焼き、Ⓐを回しかける。
3. ご飯を器に盛り、上に2をのせる。

Point

油揚げは、焼き色がつくくらいこんがり焼いておくとよい。香ばしくなり、食が進む。

埼玉の冷汁

[材料]

冷やご飯	1杯分
きゅうり、なす	各1/2本
みょうが、大葉	各適量
いりごま	大さじ2
水	150mℓ
砂糖	小さじ1
みそ	大さじ1
めんつゆ（4倍濃縮）	大さじ1

1. きゅうり、なすは薄切りにして塩もみをする。みょうが、大葉は細切りにし、みょうがは水にさらしてざるにあげておく。

2. 大きめのすり鉢でごまをすり、砂糖、みそ、めんつゆをすりながら加える。1のきゅうりとなすの塩を洗い、ぎゅっとしぼってすり鉢に加え、さらに水を加えてよく混ぜる。

3. 器にご飯を盛って2をかけ、みょうがと大葉をのせる。

Point

すりこぎで軽く突き混ぜるようにして全体になじませてから、水を加えるのがポイント。

1人分
141
円

そうめんなどのつけ汁として知られる埼玉の家庭料理。
もちろんごはんにかけても美味しい！

あの日のナポリ丼

ナポリタンの具材をご飯にオン。
なつかしい風味にほっこり

［材料］

- 温かいご飯……1杯分
- ウィンナー……2本
- 玉ねぎ……1/4個
- ピーマン……1個
- トマト……1/4個
- にんにく……1/2かけ
- 卵……1個
- 粉チーズ……適量
- サラダ油……適量

Ⓐ
- 昆布茶（顆粒）……小さじ1/2
- トマトケチャップ……大さじ2
- 砂糖……小さじ1
- 塩、こしょう……各適量

1人分
151円

ナポリタンの具材がこんなにもご飯に合うなんて！どこかほっとする味です

満足感ハンパない

1
にんにくは薄切り、玉ねぎとピーマンは5㎜幅に切る。トマトはざく切り、ウィンナーには斜めの切り込みを入れる。

2
フライパンにサラダ油とにんにくを入れて熱し、香りが立ったら、玉ねぎ、ピーマン、ウィンナーを炒め、トマトも加えて炒める。材料に火が通ったらⒶの調味料を入れ、全体に混ぜる。

3
別のフライパンにサラダ油をひき、目玉焼きを作る。器によそったご飯に2をかけて、目玉焼きをのせ、粉チーズをふる。

Point

調味料を全体に混ぜたら、ウィンナー、玉ねぎとピーマンにわけておくとトッピングしやすい。

お手軽ポキ丼

1人分
446円

[材料]

温かいご飯	1杯分
マグロ（刺身用）	70g
サーモン（刺身用）	70g
焼肉のたれ	大さじ1
めんつゆ（4倍濃縮）	大さじ1
アボカド	50g
レモン汁	適量
ベビーリーフ	10g

1 マグロとサーモンを一口大のサイコロ状に切り、ビニール袋に入れて、焼肉のたれとめんつゆを入れて空気を抜いてしばり、30分以上冷蔵庫におく。

2 アボカドは1㎝角に切ってレモン汁であえ、1とあえる。

3 器にご飯を盛り、ベビーリーフと2を盛りつける。

Point

材料を混ぜるときにビニール袋を使うと、ボウルなど食器を洗う手間が省けるのでおすすめ。

テレビで観るような ローストビーフ丼

1人分 **348円**

[材料]

- 温かいご飯……1杯分
- 牛かたまり肉……150g
- スパイスミックスソルト……適量
- 卵黄……1個分
- 小ねぎの小口切り……適量
- Ⓐ
  - 玉ねぎのすりおろし……50g
  - めんつゆ（3倍濃縮）……大さじ2
  - 水……大さじ2
  - 粒マスタード……小さじ1/2

1. 牛肉にスパイスミックスソルトをまんべんなくかけてすりこみ、ラップに包んで室温に戻す。
2. 1を、魚焼きグリル強（両面焼き）で10～12分焼き、焼けたらアルミホイルで2重に包み、さらにバスタオルなどに包んでしばらくおき、余熱を入れる。そのあと冷蔵庫に入れ、2時間以上落ち着かせてから切る。
3. 小鍋にⒶを入れ、肉を包んだアルミホイルから出た肉汁とスライス時に出た肉汁をあわせて沸騰させ、辛みをとばす。器にご飯、スライスしたローストビーフ、ねぎ、ソース、卵黄をのせる。

Point

ラップに包んだ牛肉は、季節によって1～2時間おいて室温に戻す。

魚焼きグリルで焼くだけ!
超カンタンのゴージャス丼

もち麦カレーライスサラダ

ゆでたもち麦と野菜を
カレー味の
ドレッシングであえて

[材料]

もち麦……40g
プチトマト……3個
クリームチーズ……1個
ベビーリーフ……20g
くるみ……少々

Ⓐ
かぼちゃ……100g
プルーン……40g
(レーズンでもOK)
紫たまねぎ……20g
枝豆(豆のみ)……30g

Ⓑ
オリーブ油…大さじ2
リンゴ酢……大さじ1
カレー粉‥小さじ1/3
塩……小さじ1/3
砂糖……小さじ1

1人分
369
円

ヘルシーで見た目もカラフルなのに
栄養バランスもしっかりの嬉しい一品
トントン
トントン

1

もち麦は沸かした湯に入れて20分ゆで、ざるにあげる。トマトは半分に切る。かぼちゃは一口大に切り、電子レンジで加熱してやわらかくする。プルーンは種を外し、7㎜角に切る。紫たまねぎはみじん切りにして水にさらしざるにあける。枝豆はゆでてさやから出しておく。

2

Ⓑのドレッシングをよく混ぜ、Ⓐの材料ともち麦、クリームチーズをちぎり入れてあえる。

3

器にベビーリーフを敷いて2を盛り、プチトマトを飾り、くるみを散らす。

Point

Ⓑのドレッシングは、よくまぜてからあえるのがポイント。材料は、スプーンなどで均等にまぜる。

じゃがいものホクホクがアクセント。
おこげも美味しい炊き込みごはん

鮭じゃが炊き込みご飯

[材料]

米	0.5合
鮭	1切れ
じゃがいも	中1個
水	90㎖
しょうが	1かけ
塩	小さじ1/4
バター	5g

1 米は厚手で小さめの鍋に入れ（土鍋でもOK）水を入れて30分以上吸水させる。鮭は2つに切ってグリルで焼いておく。じゃがいもは一口大に、しょうがは千切りにする。

2 1の鍋に塩を入れてざっと混ぜる。じゃがいも、しょうが、鮭を入れてふたをし、弱めの中火で沸騰するまで加熱する。

3 沸騰したら一度ふたを取って蒸気を飛ばし、再度ふたをして極弱火にし8分加熱。10分蒸らしたらふたをとってバターをのせ、鮭は皮と骨を除いて粗くほぐし、全体を混ぜる。

Point

鮭はいちばん最後に入れてからふたをして加熱する。皮が苦手な場合はとる。

1人分 272円

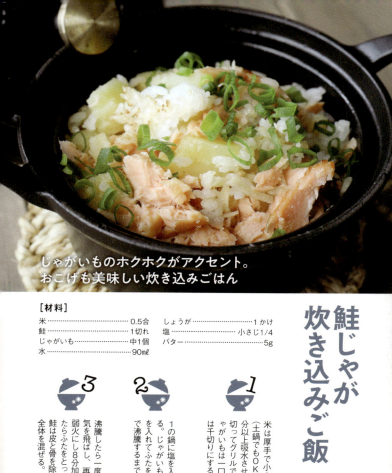

自家製なめたけのTKG

1人分
79円

[材料]

温かいご飯……1杯分
卵……1個
なめたけ（p159で紹介、なければ市販のものでも可）……大さじ3～4

1
卵は卵黄と卵白にわける。

2
大きめのボウルに卵白を入れ、小さめのアクすくいをカシャカシャと水平に素早く動かして混ぜ、メレンゲにする。

3
器にご飯、なめたけ、卵白、卵黄の順で盛りつける。

Point

卵白は、アクすくいで水平に素早く動かすのがコツ。ふんわりとしたメレンゲは食感もなめらか！

卵の白身がふわっふわ!
新食感の
卵かけごはん

COLUMN

04

母熊さんに聞いた！
もっと美味しい
料理のワンポイント

実は万能調味料…
塩麹を勧めたい！

「塩麹」と聞くと料理上級者のような、少しハードルが高いイメージがありますが、「使わないなんて損！」といえるほどおすすめしたい調味料でもあります。

我が家の塩麹の使い方は……

・鶏むね肉を使う料理、ローストポーク、炒め物

→食材の旨みを引き出し、肉を柔らかくしてくれます。漬けておくことで効果を発揮するのはもちろん、炒め物の調味料に使っても味に深みが出ます。

・トマトを使う料理

（トマトソース、ミネストローネ、ミートソース、煮込みなど）

→どうもトマトの酸味が気になる時に塩麹を加えるとあ〜ら不思議！ツンツンしていた強い味たちがみんな手を繋いで仲良くなります。

・ハンバーグのつなぎとして

→塩麹はお米ですから、つなぎの役もつとめられます。これを入れることで、ぷっくりジューシーな仕上がりに！（やや崩れやすいので、卵とパン粉もそこそこお使いください。）

ほかにも、ブリの塩焼き、おからサラダやマカロニサラダ、野菜の漬物、和え物、ドレッシング、冷奴などのトッピングとして幅広く活用できますよ！

Chapter 7

utoshさん

野菜をたっぷり食べよう

サラダレシピ

たまには栄養たっぷりの野菜が食べたい。
utoshさんがおすすめするボリューム満点のサラダから、
副菜にぴったりのサラダまで
種類豊富にお届けします。

そぼろとトマトのリーフサラダ

トマトの酸味とそぼろが好相性！おかず感覚でパクパクいける

[材料]

豚ひき肉……………………70g
トマト………………………1個
グリーンリーフ………2～3枚
サラダ油……………小さじ2

Ⓐ
しょうゆ…………大さじ1
みりん……………大さじ1

1人分
136
円

お肉とあわせれば、
野菜もたっぷりと
食べられます
じゅっ
じゅう

1 トマトは12等分のくし形切りにする。グリーンリーフはちぎる。

2 フライパンにサラダ油をひいてひき肉を炒め、Ⓐの調味料を加えてさらに炒める。

3 皿にグリーンリーフ、トマトを並べ、2をのせる。

Point

そぼろは少々濃いめの味つけにし、食べるときに野菜をよく混ぜればドレッシングなしでも食べられる。

和風ドレッシングをかけて
さっぱりいただきます!

ささみと水菜のフレッシュサラダ

1人分
246
円

[材料]

鶏ささみ肉	2枚
水菜	1株
のり（4切）	1枚
白ごま	適量
ポン酢ドレッシング（好みで）	適量

1 水菜は5㎝幅に切る。鍋に湯を沸かしてささみを入れ、火が通るまで3分ほどゆでる。

2 ゆで上がったささみを手でさく。

3 ボウルに水菜とささみを入れて混ぜあわせ、皿に盛り、のりを手でちぎりながらのせる。最後に白ごまをふる。ドレッシングをかけていただく。

Point

パリパリののりを入れることで味にアクセントがつき、ドレッシングの味がしみて美味しく食べられる。

厚揚げ豆腐のカプレーゼ

1人分
139
円

[材料]

トマト……1/2個
厚揚げ豆腐……1/2個
モッツァレラチーズ……1/2個
バジル……適量

Ⓐ
オリーブ油……大さじ2
塩……小さじ1/4
粗びき黒こしょう……適量

1. トマト、厚揚げ豆腐、モッツァレラチーズは5㎜幅程度に薄く切る。
2. お皿に3つを交互に盛り、ちぎったバジルをのせる。
3. Ⓐを全体にかけていただく（アンチョビを加えたドレッシングにしても美味しい）。

Point

味のメリハリをつけるため、トマト→厚揚げ→チーズの順番に並べるのがよい。

カプレーゼに厚揚げ豆腐が仲間入り！
新感覚のヘルシーサラダ

豆腐とアボカドのしらすサラダ

アボカド入りの和風サラダ。
カリカリしらすが
アクセント！

[材料]

木綿豆腐……1/2丁
アボカド……1個
しらす（または、ちりめんじゃこ）……20g
酢……小さじ1
かつお節……少々
好みのドレッシング（わさびじょうゆなど）……適量

1人分
241円

ボウルで
混ぜ合わせるだけで完成！
料理をする気になれない
ときにもラクに
作れるのが嬉しい。
さっさっ

1 豆腐とアボカドは1㎝角に切る。アボカドには酢をかける。ボウルに入れ、軽く混ぜ合わせる。

2 しらすはフライパンで焦げ目がつくまでよく煎る（ちりめんじゃこならそのままでOK）。

3 1を皿に盛り、2をかけ、かつお節をかける。好みのドレッシングでいただく。

Point

アボカドは、若干つぶしながら混ぜると味がよくしみこむ。ただし、つぶしすぎないよう注意。

お肉と合わせてガッツリサラダに
夏バテ防止におすすめ!

牛肉ときゅうりのおかずサラダ

1人分
392
円

[材料]

- きゅうり……2本
- 牛薄切り肉……130g
- 豆苗……適量
- サラダ油……小さじ2
- Ⓐ しょうゆ……大さじ1
- Ⓐ みりん……大さじ1/2
- Ⓐ 砂糖……小さじ2
- 塩、こしょう……各適量

1
きゅうりは3等分に切って、縦半分に切り、スプーンで真ん中の種を取る。さらに縦に半分に切り、4等分にする。

2
フライパンにサラダ油をひき、牛肉を炒める。肉に火が通ったら1とⒶを加えてさらに炒める。

3
きゅうりに火が通ったら、塩、こしょうで味を調えて皿に盛り、豆苗をのせる。

Point

きゅうりは、下ごしらえのときに中央部分の種をとると、牛肉と炒めたときに水っぽくならない。

おしゃれな気分になれる 豆サラダ

[材料]

ミックスビーンズ………1缶
トマト……………………1/2個
玉ねぎ……………………1/6個

Ⓐ
- 塩………………………小さじ1/3
- レモン汁………………小さじ2
- オリーブ油……………大さじ1

1 トマト、玉ねぎは5mm角に切る。

2 ボウルにミックスビーンズを入れ、1を混ぜ合わせる。

3 Ⓐのドレッシングと合わせる。

Point

玉ねぎは、豆のサイズに合わせてカットすると食べやすい。トマトも同様に切る。

ミックスビーンズで手軽に!
イタリア風の豆サラダ

1人分
156
円

シャキシャキとした食感が楽しい
酢とゆずこしょうでさっぱり

彩り野菜の和風根菜サラダ

1人分
326円

［材料］

れんこん……100g
にんじん……80g
さつまいも……100g
ごぼう……60g
サラダ油……適量

Ⓐ
ごま油……大さじ1
酢……大さじ1
しょうゆ……大さじ1
ゆずこしょう……小さじ1

1 れんこん、にんじん、さつまいもは5㎜幅のいちょう切りにする。ごぼうは乱切りにする。

2 170度に熱したサラダ油の中に1の野菜を入れ、素揚げする。火が通ったらしっかりと油を切る。

3 ボウルにⒶを入れ、よく混ぜ合わせる。2を加えてよくからめる。

Point

さつまいも→にんじん→ごぼう→れんこんと、固そうなものから素揚げしていくとよい。

厚切りベーコンで作る男のポテサラ

[材料]

じゃがいも……中2個
厚切りベーコン……80g
きゅうり……1/5個
レタス……1/5枚

Ⓐ
マヨネーズ……大さじ1と1/2
しょうゆ……小さじ1
酢……小さじ2

1
鍋に湯を沸かして皮をむいたじゃがいもを10分ゆでる。湯をすて、もう一度火にかけて水分を飛ばし、ボウルに入れてマッシャーなどでつぶす。

2
きゅうりは薄切りにし、塩少々（分量外）をふっておく。レタスは小さくちぎる。ベーコンは1㎝幅に切り、フライパンで焼き色がつくまで炒める。

3
1のじゃがいもに、きゅうり、レタス、ベーコンを加え、Ⓐを混ぜ合わせる。

Point

ベーコンは、少し焼き色がつくくらいまで炒めると香ばしさがプラスされ、さらに美味しく仕上がる。

たっぷりベーコンに
こんがり焼き色をつけた
男のポテサラ

1人分
334
円

レモンの皮が隠し味!
程よい酸味のコールスロー

レモンが香る コールスロー

1人分
45
円

[材料]

キャベツ……………………100g
コーン缶……1/4缶（50g）
にんじん……………………15g
レモンの皮………………適量

Ⓐ マヨネーズ……………………大さじ3
Ⓐ 塩………………………………適量

1 キャベツは3㎜の細切りに、にんじんは千切りにする。

2 ボウルに1、コーンを入れてⒶを加え、よく混ぜ合わせる。

3 レモンの皮を薄くけずりかけて混ぜ、皿に盛る。

Point

レモンの皮を切るのに、チーズスライサーがあると便利。ない場合は包丁でスライスする。

Chapter 8

MAYAさん

たまには自分を甘やかしたい

絶品
揚げもの

家で揚げものとなると
ハードルが高いイメージですが、
やってみれば意外と簡単。
一人分であれば油もたっぷり使う必要はなく、
薄くひいてしまえばOK。
頑張った自分へのご褒美にぜひチャレンジして。

カリッとジューシー!
居酒屋の味を再現

居酒屋さんの手羽先の唐揚げ

［材料］

- 手羽先……300g
- 片栗粉……適量
- 揚げ油……適量

Ⓐ
- しょうゆ……大さじ1
- 酒……大さじ1
- マヨネーズ……小さじ1
- にんにくすりおろし……適量
- 卵白……1個分

1 手羽先はキッチンバサミを使って細い骨を1本抜き取る。

2 Ⓐの調味料を混ぜ、1によくもみこむ。

3 2に片栗粉をまぶし、170度の揚げ油で揚げる。

Point

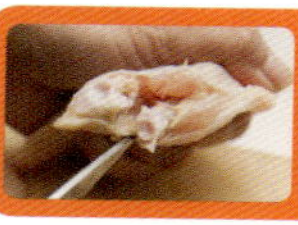

手羽先は、中の骨を1本だけ取ると、食べごたえも損なわず、食べやすくなる。

1人分 298円

ナンプラーが香る！エスニック春巻き

1人分 **523**円

［材料］

- 海老……300g
- ナンプラー……小さじ1
- 春巻きの皮……適量
- 揚げ油……適量
- Ⓐ スイートチリソース……適量
- Ⓐ タバスコ……適量
- Ⓐ ハバネロ……適量

1. 海老は背わたや汚れをとり、半分は荒くたたき、残りは細かく切る。

2. 1をボウルに入れナンプラーを加えて混ぜ、春巻きの皮に置いて巻く。

3. 170度の揚げ油で春巻きを揚げる。Ⓐのソース（辛さは好みで調節）を添える。

Point

海老は、春巻きの皮の左下の部分に三角形になるようにおき、折り紙を折るように巻いていく。

エスニック風味が効いて
食卓が盛り上がる
おつまみにも
嬉しい一品

1人分 187円

豚バラをそのままたたむだけ!
簡単すぎる! 美味カツ

二つ折りのミルフィーユカツ

[材料]

豚バラ薄切り肉……100～150g
塩、こしょう……各少々
小麦粉……適量
溶き卵……1個分
パン粉……適量
揚げ油……適量

1 トレーに入ったままの豚肉に塩、こしょうをする。

2 1を半分に折り、小麦粉、卵、パン粉の順につける。

3 2を170度の揚げ油で揚げる。

Point

豚肉はトレーに入っている状態で塩、こしょうしてから半分に折る。

ピリッと辛い 塩さばの唐揚げ

1人分 92円

[材料]

塩さば……………………1切れ
片栗粉……………………適量
揚げ油……………………適量

Ⓐ
ポン酢……………………適量
砂糖………………………少々
ラー油……………………適量
きざみねぎ………………適量

1 塩さばは骨抜きを使うか、骨を取り除いて一口大に切り、片栗粉をまぶす。

2 1を170度の揚げ油で揚げる。

3 器に盛り、Ⓐのソースをかける。

Point

170度の油でさくっと揚げるのがコツ。揚げすぎるとこげてしまうので注意。

辛ねぎポン酢で
あっさりピリッといただきます!

カツオのコーンフレーク揚げ

カリッカリのコーンフレークが香ばしく、カツオの風味が倍増

[材料]

カツオ……1さく(約150g)
コーンフレーク……適量

Ⓐ
- しょうゆ……大さじ2
- 砂糖……大さじ1
- マヨネーズ……大さじ1

小麦粉……適量
溶き卵……1個分
揚げ油……適量

1人分 349円

コーンフレークの
ガリっと感がたまらない！
おつまみはもちろん、
ごはんにも合う
ほくほく
ほくほく

1 カツオを厚めに切り、Ⓐにつけて30分以上おく。

2 水分をふきとったら、小麦粉、卵、つぶしたコーンフレークを順につける。

3 170度の揚げ油で揚げる。

Point

つぶしたコーンフレークは、大きめの平らな皿に入れておき、まんべんなくつけるようにするとよい。

刺身用のマグロで
レア感を残すのが、
ツウの作り方

レアが美味しい！ マグロカツ

1人分 371円

［材料］

マグロ（刺身用）……1さく（約150g）
小麦粉……適量
溶き卵……1個分
パン粉……適量
揚げ油……適量
Ⓐ ポン酢……適量
Ⓐ 大根おろし……適量

1 マグロはさくのまま、小麦粉、卵、パン粉の順につける。

2 180度の揚げ油で1～2分ほど、中がレアになるように揚げる。

3 器に盛り、Ⓐのソースをかける。

Point

油で揚げるとき、マグロの中の部分がレアになるよう長時間揚げないよう注意する。

アボカドのフリッター

[材料]

- アボカド……1個
- 塩、こしょう……各少々
- 小麦粉……適量
- 溶き卵……1個分
- パン粉……適量
- 揚げ油……適量

1 アボカドは皮をむき、2㎝角に切って塩、こしょうをする。

2 1を小麦粉、卵、パン粉の順につける。

3 160度の揚げ油で揚げる。

Point

アボカドはかための物を選ぶとよい。やや強火でカラリと揚げる。

1人分 **147**円

新食感! アボカドの新しい味わい方を発見!

おつまみに最適!
ヘルシー&
ボリューミー

すごい自家製厚揚げ

1人分
51
円

[材料]

木綿豆腐……1丁
長ねぎ……少々
揚げ油……適量

1. 豆腐にキッチンペーパーを巻き、重しをして水を切り、適当な大きさに切る。長ねぎは輪切りにする。

2. 豆腐を170度ほどの揚げ油できつね色になるまで揚げる。

3. 皿に盛り、ねぎを散らす。

Point

豆腐はしっかりと水切りをしないと、揚げるときに油がはねてしまうので注意。

Chapter 9

utoshさん

本当は誰にも教えたくない

絶品ソースの作り方

ソースさえできてしまえば、
あとはゆでたり焼いたりした食材に合わせるだけ。
美味しいソースを作れれば、
すべてが最高のごちそうになります。

毎日のおかずをリッチにする
タルタルソース

卵を使ってパパッと作れる！
ちょっぴりカレー風味が美味しい

全量 60円

［材料］（作りやすい分量）

- ゆで卵……2個
- 玉ねぎ……1/6個
- Ⓐ
  - マヨネーズ……大さじ5
  - レモン汁……小さじ1
  - 塩……少々
  - カレー粉……小さじ1

タルタルソースに
絡めれば
エンドレスで食べられる
満足感ハンパない

ソース

1
玉ねぎはみじん切りにする。

2
ボウルにゆで卵を入れ、スプーンの背などでつぶす。

3
2に1、Ⓐを加えてよく混ぜ合わせる。

Point

タルタルソースは、魚料理との相性も抜群。フライパンで焼いたサーモンの上にかけても美味しい。

ピリ辛が効く!
どんな食材にも合う万能ソース
全量
162
円

具だくさん! ピリ辛サルサソース

［材料］（作りやすい分量）

トマト……1個	パクチー……適量
玉ねぎ……1/8個	タバスコ……少々
にんにく……1/2かけ（またはにんにくチューブ2～3㎝）	塩……小さじ1/2

1. トマトと玉ねぎはみじん切りにする。にんにくはすりおろす。パクチーはきざむ。

2. ボウルに1を入れて混ぜ、塩をふり、好みでタバスコを数滴ふり入れる。

Point

トルティーヤチップスを添えて、そのままディップソースとしてもいただける。

万能！たっぷり きのこのソース

全量 145円

［材料］（作りやすい分量）

えのきだけ……………………1袋
サラダ油……………大さじ1

Ⓐ
しょうゆ……………………大さじ1
みりん……………………大さじ1
酒……………………大さじ1
水……………………大さじ3～4

Ⓑ
片栗粉……………………小さじ1
水……………………小さじ2

1 えのきだけは5㎜幅のみじん切りにする。

2 フライパンにサラダ油を熱し、1をよく炒める。ある程度炒めたらⒶを加える。

3 最後にⒷの水溶き片栗粉を加え、よく混ぜる。

Point

いつものハンバーグにきのこソースをかければ、和風のハンバーグに早変わり。

和風、洋風どちらにも合わせやすい。あんかけだから素材となじむ

トマト缶で簡単に作れる。
魚料理との相性も◎

世界一のトマトソース

全量
69
円

[材料]（作りやすい分量）

トマト缶……1/2缶（約200g）
玉ねぎ……1/2個
にんにく……1かけ
オリーブ油……大さじ2
塩……少々

1
玉ねぎ、にんにくはみじん切りにする。

2
フライパンにオリーブ油をひいて熱し、にんにくを炒める。玉ねぎを加え、茶色く色づくまで炒める。

3
2にトマト缶を加え、よくつぶす。塩で味を調えて完成。

Point

ゆでたてのパスタの上に温めたソースをかければトマトソースパスタに。海老や野菜など具材を追加しても。

ヘルシー みそマヨディップ

[材料]（作りやすい分量）

- みそ……大さじ1
- マヨネーズ……大さじ3
- 豆腐……130g
- レモン汁……小さじ2
- 粗びき黒こしょう（好みで）……少々

1. ボウルに豆腐を入れ、スプーンなどの背を使ってつぶす。
2. 1に、みそ、マヨネーズ、レモン汁を加えて混ぜる。
3. 好みで黒こしょうをふる。

Point

にんじんやきゅうり、セロリなど好みの野菜をカットしてみそマヨディップソースをつけていただいても。

全量
49
円

豆腐が入ってなめらかに!
野菜スティックにも
おすすめ

COLUMN
05

utoshさんに聞いた！
もっと楽しい
食事のマメ知識

体にいいことだらけ
「先ベジ」しよう

皆さんは**「先ベジ」という言葉をご存知ですか？**ベジファーストとも言いますね。太らない食べ方、血糖値を上げない食べ方。色々な言い方があると思いますが、**要するに食事の前に野菜を食べよう！ということなんです。**
例えば「炭水化物はスポーツカー。野菜は軽トラック」みたいなもので、**血糖値は炭水化物でグンっと急上昇してしまいます。**でも、目の前に軽トラックがいたら、どんなに速く走れるスポーツカー（炭水化物）でも軽トラック（野菜）に合わせて、のろのろ運転しかできないんです。これが「先ベジ」です。皆さんも炭水化物のアクセルを踏み込ませないように、野菜でのんびりドライブしましょう！
塩キャベツとか、本当に簡単なものでいいので先ベジしてから、ご飯を食べましょう！

Chapter 10

masayoさん

全部小麦粉で作れる!

変幻自在の粉もの

家によっては
使う用途が限られてしまいがちな小麦粉。
masayoさんが教える小麦粉レシピは、
パンケーキやクレープはもちろん、
肉まんやガレットまで作れてしまいます。

生地から作る肉まん

［材料］ 3個分

Ⓐ
- 薄力粉……100g
- ベーキングパウダー……5g
- 砂糖……10g
- 塩……2g

ぬるま湯……50mℓ

Ⓑ
- 豚ひき肉……80g
- 玉ねぎ……30g
- しょうゆ、ごま油……各小さじ1
- 塩、こしょう、砂糖……各少々
- 水……適量

やっぱり手作りがいちばん!
生地がほんのり甘く、お肉もプルプル

3個分
124
円

1

ボウルにⒶを入れ、ぬるま湯を加えてよくこね、ひとまとめにして30分ほど休ませる。

2

別のボウルにⒷをすべて入れ、よく混ぜ合わせて3等分にする。

3

1の生地を3等分にしてそれぞれ広げ、2を包む。蒸し器で15分蒸す（またはフライパンに水を入れて熱し、15分蒸し焼きにする）。

Point

肉あんを包むときは、上の中心部をそっとひっぱりあげるようにして仕上げるときれいな形になる。

野菜ぎらいの子どもにも
おすすめの簡単レシピ
1人分
80
円

すぐに作れる にらとねぎのチヂミ

［材料］

- にら……30g
- ねぎ……30g
- 薄力粉……100g
- 卵……1個
- しょうゆ……適量
- 水……130㎖
- ごま油……適量
- 酢じょうゆ、ラー油、マヨネーズ……各少量

1 ボウルに薄力粉を入れ、卵としょうゆ少量を加えて混ぜ、水を入れて生地を作る。

2 にらとねぎを1㎝幅に切って1に混ぜ、ごま油をひいたフライパンで両面を焼く。

3 酢じょうゆとラー油、しょうゆとマヨネーズのつけだれを作り、好みでつけていただく。

Point

片面が焼けたら大きめのへらを使ってひっくり返し、両面同じくらいの焼き加減で仕上げるのがポイント。

ベーコンのふわふわお好み焼き

[材料]

薄力粉	50g
スライスベーコン	2枚
卵	1個
キャベツ	150g
水	80mℓ
和風だしの素（顆粒）	小さじ1/2
サラダ油	適量
ソース、マヨネーズ、かつおぶし	各適量

1. ボウルに水を入れ、薄力粉と和風だしの素を混ぜ、千切りにしたキャベツと卵を割り入れよく混ぜる。

2. 熱したフライパンにサラダ油をひき、1を入れてふたをし、片面を焼く。ふたをとり、その上にベーコンをのせ、ひっくり返して裏側も焼く。

3. 2を皿に盛り、ソース、マヨネーズ、かつおぶしをかける。

Point

最初はふたをして焼く。ふたをすることでふわふわの食感のお好み焼きになる。

だしの素が隠し味!
キャベツたっぷりで
ヘルシー
1人分
71
円

The おやき

素朴な味わいの
和風おやつ
包む具はあんこや
前日の残りおかずでも

［材料］ 5個分

Ⓐ 薄力粉	100g
Ⓐ ベーキングパウダー	小さじ1
Ⓐ 砂糖	小さじ2
水	1/4カップ
きんぴらごぼう	75g
サラダ油	適量

5個分
130円

前日の残りおかずが
とびきりのおやつに大変身。
水分があるものは水気を切って包んで
さっさっ

1

Ⓐをボウルに入れて混ぜ、水を加えてよくこねる。ひとつにまとまったらラップに包み、冷蔵庫で休ませる。

2

1を5等分に切り分け、それぞれを丸めてから麺棒でのばし、きんぴらごぼうを5等分にして包む。

3

熱したフライパンにサラダ油をひき、強火で2の両面を焼いて焼き色をつける。その後弱火にし、差し水適量（分量外）をして10分ほど蒸し焼きにする。

Point

生地をのばすときは、真ん中の部分を厚めにのばすと、やぶれずに具を包みやすくなる。

Point

きんぴらごぼうは、生地の4すみからバランスよくそっと包む。

これぞ本場の味!
いつものカレーをもっと美味しく味わおう

カレーのお供にしたい自家製ナン

2枚分
23円

[材料] 2枚分

Ⓐ
- 薄力粉……100g
- ベーキングパウダー……5g
- 塩……小さじ1/4

- 水……40mℓ
- オリーブ油……10g

1 ボウルにⒶを入れ、水とオリーブ油を加えてよくこねる。

2 生地を2等分し、丸めてから麺棒でなるべく薄くひきのばし、バッドにはった水（分量外）に片面だけつける。

3 フライパンを熱し、両面をこんがりと焼く。

Point

麺棒でひきのばした生地は、片面だけ水につけてから焼くとパリッと香ばしく仕上がる。

ハムエッグのガレット

1人分 78円

[材料]

薄力粉	30g
牛乳	65mℓ
ハム	1枚
卵	1個
バター	5g
塩、黒こしょう	各適量
とろけるチーズ	15g

1. 薄力粉をボウルにふるい入れ、牛乳、塩を加えてゆるい生地を作る。フライパンを熱してバターを入れ、生地を流して薄く広げ、周りに焼き色がついたら裏返す。

2. 真ん中にハムを置き、卵を割り入れたあと生地を端から包み、塩、こしょうをしてチーズをちらす。

3. ふたをして、卵が半熟になるまで焼く。

Point

生地は、外側の端からたたんで四角形になるように包む。ハムの大きさに合わせると包みやすい。

カリッとした食感がクセになる!
手軽な材料でチャレンジ

コロコロのさつまいもがアクセント。
昔なつかしい素朴な風味

ほんのり甘～い お芋の蒸しパン

3個分
104円

［材料］ 3個分

- 薄力粉……100g
- ベーキングパウダー……5g
- さつまいも……100g
- 卵……1個
- 砂糖……50g
- 牛乳……80mℓ
- サラダ油……20g

1

ボウルに卵を割り入れて砂糖を加え、軽くホイッパーで泡立てる。さつまいもは小さめのサイコロ状に切る。

2

1のボウルに牛乳とサラダ油を加えてよく混ぜ、薄力粉、ベーキングパウダーを加えてさらに混ぜ、粉が少し残るくらいでさつまいもを加えて軽く混ぜ合わせる。

3

2を型に入れ、蒸し器で蒸し上げる。

Point

さつまいもは、5mmから1cm四方の角切りにすると火が通りやすく、さつまいもの風味がアップ。

気分に合わせて具材を変えたいクレープ

全量 231円

［材料］ 直径25cmくらいのもの約10枚

［生地］

Ⓐ
- 薄力粉……100g
- 砂糖……5g

Ⓑ
- 卵……1個
- 牛乳……300mℓ

- 溶かしたバター……15g
- サラダ油……適量

［具材］
- ツナ缶（油をきっておく）……小1缶
- 玉ねぎのみじん切り……20g
- マヨネーズ……大さじ1
- 塩、こしょう……各少々

1 ボウルにⒶを入れて混ぜ、あわせておいたⒷを少しずつ加えて粉っぽさがなくなるまで混ぜる。バターを加え、冷蔵庫に入れて、生地を約30分休ませる。

2 フライパンを弱火で熱してサラダ油を薄くひき、生地を流し入れて回し広げ、ふちが焼けてきたら竹串などで裏返し、うっすら焼き色がつくまで焼いて取り出す。

3 2の中央部分に全て混ぜ合わせた具材をのせて正方形になるように包む。

Point

フライパンで焼くときは弱火でじっくりがポイント。フライパンを回しながらお玉で生地を軽くなでるように薄くのばす。

中に入れる具材次第で
おかずにもデザートにも!

ミニパンケーキを重ねて。
見た目もかわいい極上おやつ

タワーオブパンケーキ

1人分 42円

[材料] 7～8枚分

薄力粉	100g
ベーキングパウダー	5g
卵	1個
砂糖	20g
牛乳	80mℓ
サラダ油	15g
バター	適量
メープルシロップ	適量

1. ボウルに卵を割りほぐし、砂糖を加えてよく混ぜる。

2. 牛乳とサラダ油を加えてさらに混ぜ、薄力粉とベーキングパウダーをふるいながら加えて混ぜる。

3. 熱したフライパンに、2を1枚ずつ中～弱火で焼く。器に重ねていき、一番上にバターをのせ、メープルシロップをかける。

Point

焼き上がったパンケーキはキッチンクロスで包んでいく。数枚焼いても温かいまま食べられるのでおすすめ。

Chapter 11

めぐみさん

ひとりでも楽しめる

鍋料理とあったかスープ

スープの味さえ決まってしまえば、
あとは野菜や食材を入れるだけ。
冷蔵庫のあまりものを一斉に消費できる魅力もある
鍋やスープレシピ。
ひとりでも、みんなでワイワイ食べても。

和風だしでまろやか、風味もアップ。
野菜もたっぷりのヘルシー鍋

日本人のカレー鍋

1人分
354円

[材料]

カレー粉	小さじ1と1/2
豚バラ肉、ソーセージ、油揚げ	各適量
キャベツ、プチトマト、パプリカ	各適量
水	2カップ
和風だしの素（顆粒）	小さじ2

1. トマト、パプリカはヘタを取る。それぞれの具材を食べやすい大きさに切る。
2. 鍋に水を入れたあと、和風だしの素を入れて煮立たせ、カレー粉を入れる。
3. 具材を入れ、弱火で煮込む。

Point

和風の味つけなので、どんな野菜を入れてもOK。カレー鍋のあとは、うどんを入れれば野菜のおだしたっぷりのカレーうどんに。

鍋パするなら トマト鍋

[材料]

トマト缶 ………………………… 1/2缶
ベーコン、サーモン、むき海老、
キャベツ、なす ……………… 各適量
水 ……………………………… 1/2カップ
コンソメスープの素（固形）…… 1個

1. 具材はそれぞれ食べやすい大きさに切る。海老は背ワタを取り、水気をふきとる。
2. 鍋に水を入れたあと、コンソメスープの素とトマト缶を入れて火にかける。
3. 煮立ったら1を入れ、煮込む。

Point

野菜はキャベツ以外に、パプリカ、玉ねぎ、じゃがいもなどを入れても。残った鍋にパスタを入れればトマトスパゲティに。

1人分
201
円

あまずっぱ〜い!トマトメインの
洋風鍋で、カラフルな食卓に

1人分
360円

食べごたえ満点!
ハフハフしながらチーズ風味を楽しんで

意外!
カマンベールチーズ鍋

[材料]

カマンベールチーズ………… 1/2個
サーモン、むき海老、ベーコン
……………………………………… 各適量
白菜……………………………… 適量
水……………………… 1と1/2カップ
コンソメスープの素(固形)…… 1個

1
具材はそれぞれ食べやすい大きさに切る。海老は背ワタをとり、水気をふきとる。

2
鍋に水を入れたあと、コンソメスープの素を入れて火にかける。煮立ったら、1を入れて煮込む。

3
最後にカマンベールチーズ、大葉をのせる。

Point

シメは、残ったご飯を入れてとろみがつくまでコトコト煮込むチーズリゾット。ワインのお供にも。

ヘルシーすぎる 鶏団子塩鍋

1人分 137円

［材料］

- 鶏ひき肉……………………100g
- ベーコン、白菜…………各適量
- 水…………………………２カップ
- 鶏がらスープの素（顆粒）…………………………小さじ2
- Ⓐ
  - 塩、こしょう………………………………各少々
  - 酒、しょうゆ、片栗粉……… 各小さじ1
  - おろししょうが、砂糖……各小さじ1/2

1. ボウルにひき肉を入れ、Ⓐを加えてよく練って肉だねを作る。ベーコンと白菜は食べやすい大きさに切っておく。
2. 鍋に水を入れたあと、鶏がらスープの素を入れて火にかけ、煮立ったらベーコン、白菜を入れる。
3. 1の肉だねを一口大に丸めながら入れ、鶏団子に火が通るまで煮込む。

Point

野菜をたっぷりとりたい場合は、白菜を多めに入れてもOK。鍋のあとにはラーメンを入れれば、最強のシメに。

あっさり風味でヘルシー！
ダイエット中でも安心の鍋

冷凍餃子を入れるだけ。
あっさり風味でやみつきのごちそう

シンプルな餃子スープ

[材料]

冷凍餃子……5個
もやし……1/4袋
にんじん……1/4本
にら……2本
水……1と1/2カップ
鶏がらスープの素（顆粒）…小さじ2

1. もやしは洗って水気を切る。にんじんは薄い拍子木切り、にらは3㎝くらいに切る。
2. 鍋に水を入れたあと、鶏がらスープの素を入れて火にかけ、にんじん、もやしを加えて火を通す。
3. 餃子とにらを加え、餃子が温まるまで煮る。

Point

冷凍餃子は一度に入れると汁の温度が急に下がってしまうため、１つずつ入れるのがポイント。

1人分
112
円

豆乳明太子スープ

[材料]

豆乳……………………………1カップ
明太子…………………………1/2はら
豚バラ薄切り肉………………50g
白菜……………………………1枚
水………………………………1/2カップ
和風だしの素（顆粒）……小さじ1/2

1. 豚肉と白菜は2㎝幅に切る。
2. 鍋に水を入れたあと、和風だしの素、豆乳、白菜を加えて火を入れる。
3. 煮立ってきたら、豚肉と明太子を加え、火が通るまで煮る。

Point

明太子は、かたまらないようゆっくりかき混ぜる。入れすぎると塩気が強くなるので味を見ながら加えるとよい。

1人分
235
円

淡いピンク色が食欲をそそる。
低カロリーなのに栄養たっぷり!

バターをちょっと加えるだけで
ちょっぴりリッチなみそスープに変身

こってり みそバタースープ

1人分 145円

[材料]

みそ……大さじ1
サーモン……1切れ
白菜……1枚
水……1と1/2カップ
和風だしの素(顆粒)……小さじ1
バター……5g

1. サーモン、白菜は一口大に切る。
2. 鍋に水を入れたあと、和風だしの素、サーモン、白菜を入れて火にかけ、煮立たせる。
3. 具材に火が通ったらみそを入れて溶き、器に盛ってバターをのせる。

Point

バターはサイコロ状に切り、中心にのせると溶けやすい。好みでおろしにんにくを加えても、風味が増す。

Chapter 12

masayoさん

簡単なのに超豪華な
ごちそう食パン

休日の朝に作りたい、
食パンでできる
ちょっぴり豪華なレシピをご紹介。
具材をのせて焼くだけのトーストから、
ボリューム満点のサンドイッチまで
豊富な6品を紹介します。

食べるのがもったいない!
かわいいお花のピザトースト

インスタ映えするうえに美味しいピザトースト

1人分
86
円

［材料］

食パン（6枚切り）	1枚
ピザソース	適量
ソーセージ、コーン、ピーマン	各適量
スライスチーズ	1枚

1
食パンにピザソースを塗り、チーズをのせる。ソーセージは輪切りに、ピーマンは薄切りにする。

2
ソーセージとコーンをお花に、ピーマンを葉っぱにみたて、パンにのせる。

3
オーブントースターで、チーズが溶けるまで焼く。

Point

ソーセージは6等分に輪切りにすると、お花がきれいに作りやすい。ピーマンの薄切りは、茎と葉をイメージして。

ハムと大葉とチーズのホットサンド

1人分 97円

[材料]

食パン(8枚切り)	2枚	とろけるチーズ	1枚
ロースハム	3枚	マヨネーズ	適量
大葉	5～6枚	こしょう	少量

1. 食パンの片面にマヨネーズを塗る。
2. 1の上に、ロースハム、大葉、チーズの順に重ねてこしょうをふり、もう1枚の食パンを重ねる。
3. フライパンを熱して2をのせ、焼き色がつくまで両面をじっくり焼く。

Point

フライパンには何もひかずに焼く。焼くときはふたをしてチーズを溶かすようにじっくり焼く。

ハムとチーズのゴールデンコンビと
大葉の風味が好相性

あこがれのふんわり卵で
シンプルサンドイッチ

喫茶店風厚焼きだし巻きサンド

1人分
54
円

［材料］

食パン（8枚切り）……2枚
卵……2個
白だし……小さじ1/2
マヨネーズ……適量
マスタード……適量

1. 1枚の食パンにはマヨネーズ、もう1枚の食パンにはマスタードを塗る。
2. ボウルに卵を割り入れ、白だしを加えてかき混ぜる。フライパンを熱して卵液を流し入れ、厚焼きのだし巻き卵を作る。
3. パンに2をはさみ、4等分にカットする。

Point

だし巻きは、強火で一気に焼くようにすると、ふんわり仕上がる。

B.L.Tサンド

1人分 21円

［材料］

食パン（6枚切り）……2枚
厚切りベーコン……1と1/2枚
レタス……2枚
トマト……1/2個
マヨネーズ……適量
マスタード……適量

1 1枚の食パンにはマヨネーズ、もう1枚の食パンにはマスタードを塗る。トマトは輪切りに、レタスは適当な大きさにちぎっておく。

2 ベーコンはフライパンで軽く焼く。食パンの上に、レタス、トマト、ベーコンを順番にのせ、もう1枚の食パンを重ねる。

3 半分の大きさにカットし、ラッピングペーパーで包む。

Point

ベーコンは、1/2枚ずつ3等分にし、レタスの上にバランスよくのせると形がくずれにくくなる。

定番中の定番中、
B.L.Tサンドを
シンプルに手早く作ろう

1人分
91
円
色々な味が楽しめるカラフルサンド。
栄養バランスもgood!

インスタ映えするうえに美味しいオープンサンド

［材料］

食パン（6枚切り）……1枚
ゆで卵……1個
きゅうり……1/5本
生ハム……1枚
プチトマト……1.5個

1. ゆで卵は輪切り、きゅうりは縦に薄切り、トマトは輪切り、生ハムは4等分にスライスする。
2. 食パンを4等分に切る。
3. ゆで卵、きゅうり、トマト、生ハムをトッピングする。

Point

プチトマトは色が違うものを選ぶとますます彩りがよくなる。

基本のフレンチトースト

1人分
70
円

[材料]

食パン(5枚切り)	1枚	砂糖	15g
卵	1個	バター	5g
牛乳	1/2カップ	シナモン、メープルシロップ	各適量

1 バットに卵を割り入れて牛乳、砂糖を加えて混ぜ、そこに食パンをひと晩つけこむ。

2 厚手のフライパンを熱し、バターを入れて溶かし、1を両面焼き色がつくまで焼く。

3 食べる直前にシナモンをふり、メープルシロップをかける。

Point

食パンは、ひと晩つけこむと味がしみて風味が増す。可能であれば、2、3回裏返すとよい。

ふんわりおいしい本格派。
朝食にピッタリ!

COLUMN 06

masayoさんに聞いた！もっとラクラク！調理のテクニック

すぐマネできる！洗い物が極端になくなるスゴ技

「料理は好きだけど洗い物は面倒だ！」と思っている人は多いはず。つい、食器洗いを後回しにして流しにためてしまったり、洗い物が億劫で料理をする気にならなかったり……。そんなめんどくさがりの人のために極端に洗い物を少なくする方法をご紹介します。

①そのまま食卓に出せる調理道具を使う

1人前用の鉄のフライパンは、調理後お皿に盛る必要がありません。

②調理の過程で登場する余計な道具を省いてしまう

ボウルの中で順に材料を混ぜていけば、ボウルと泡立て器などの洗い物だけで済みます。また、卵を調理するときは、直接フライパンに割り入れればボウルすらいりません。

ほかにも考え方次第で、グッと洗い物が減らせることも。そういったことを工夫しながら料理するのも楽しいですよ。

Chapter 13

母熊さん

忙しい人の味方!

あったら嬉しい 常備菜

「今日は料理も何もしたくない」という日に
頼れるのが作りおきおかず。
そのまま食べても、
ごはんのお供にしてもOKです。

なんでものせたい 牛のしぐれ煮

牛バラ肉を煮込んだ甘辛味。ご飯を食べすぎちゃいそう！

［材料］ 作りやすい分量

牛バラ切り落とし肉……200g
しょうが……15g

Ⓐ
- 砂糖……大さじ2
- 酒……大さじ2
- みりん……大さじ2
- しょうゆ……大さじ3

全量 486円

ご飯にのせて永遠に食べられそうな美味しさ。
お弁当に入れたり、うどんの上にのせても。
ほくほく

1

Ⓐを小鍋に入れ、加熱して砂糖を溶かす。しょうがは千切りにする。

2

1の小鍋に牛肉としょうがを加える。

3

牛肉を箸でちぎりながら、煮汁がなくなるまで中火で煮る。アクは適宜すくう。

Point

箸だけだと牛肉をちぎりにくいので、右手で箸、左手でスプーンをもって肉をちぎるとよい。

鉄板！春雨サラダ

汁が出にくく、お弁当にも
おすすめの逸品

［材料］ 作りやすい分量

- 緑豆春雨 …… 30g
- 生きくらげ …… 40～50g（乾燥なら5g）
- ハム …… 2枚
- にんじん …… 30g
- 枝豆（豆のみ）…… 50g
- 卵 …… 1個
- 塩 …… ひとつまみ
- すりごま …… 大さじ2

Ⓐ
- 砂糖 …… 大さじ2
- しょうゆ …… 大さじ2
- 酢 …… 大さじ2
- ごま油 …… 大さじ1
- 鶏がらスープの素（顆粒）…… 小さじ1
- 水 …… 120mℓ

調味料で煮たら、
粗熱がとれるまで
そのまま放置し、
しっかり春雨に
汁けを吸水させましょう

1

きくらげ、ハム、にんじんは千切りにする。枝豆はゆでてさやから出しておく。卵はボウルに割り入れ、塩をひとつまみ入れて溶きほぐし、薄焼き卵にしてせん切りにする。

2

鍋にⒶを入れて沸騰させ、乾燥したままの春雨、きくらげ、にんじんを入れ、中火で5分ほど煮たらハムを入れてざっと混ぜ、ひと煮立ちさせて火を止める。

3

ふたをして、そのまま粗熱がとれるまで蒸らしながらおく。最後に、枝豆とすりごまと薄焼き卵を混ぜる。

Point

粗熱がとれるまで鍋で蒸らしながらしばらくおくことで、春雨が汁けをすい、汁が出にくくなる。

ごまの香りが食欲をそそる!
家族中から大人気になる一品

絶対うまい 韓国海苔フレーク

全量
114
円

[材料] 作りやすい分量

全形海苔……3枚
塩……小さじ1/4
いりごま……小さじ2
ごま油……小さじ2

1
ポリ袋の中で、海苔を細かくちぎる。

2
1に塩、ごま、ごま油を入れ、空気を入れてふり混ぜる。

3
2を瓶に入れ、冷蔵庫で保管する。

Point

ポリ袋についてとれない海苔は、ご飯を入れておにぎりを作るようにすると、無駄にならずにきれいに食べられる。

きゅうりの佃煮

全量
498
円

[材料] 作りやすい分量

きゅうり……………………5～6本
しょうが……………………20g
塩こんぶ……………………15g
いりごま……………………大さじ2

Ⓐ
砂糖……………………大さじ2
しょうゆ……………………大さじ2
酢……………………大さじ2
みりん……………………大さじ1

1
きゅうりは薄切りにして大さじ1の塩（分量外）でもみ、4～5時間おく。しょうがは千切りにする。

2
フライパンにⒶを入れて加熱し、砂糖が溶けたら1のきゅうりをぎゅっとしぼって入れる。

3
しょうがを加えて、中～強火で汁気がなくなるまで炒める。最後に塩こんぶとごまを加えて混ぜる。

Point

辛い風味が好きな人は、塩こんぶといりごまを混ぜる前に、しょうがと一緒に赤唐辛子を入れる。

きゅうりをたっぷり使って
ご飯がすすむ保存食に

切り干し大根をめんに見立てた
子どもも大好きな味

切り干しナポリタン

[材料] 作りやすい分量

切り干し大根	50g
ツナ缶	1缶
玉ねぎ	小1個(150g)
ピーマン	4〜5個
にんにく	1かけ
オリーブ油	適量
Ⓐ 昆布茶(顆粒)	4g
Ⓐ トマトケチャップ	大さじ5
Ⓐ 砂糖	大さじ1
塩、こしょう	各適量

1 ボウルにさっと洗った切り干し大根と水を入れて10〜15分つけて戻し、ざるにあけて水気を切る。にんにくはみじん切り、玉ねぎ、ピーマンは細切りにする。

2 フライパンにオリーブ油とにんにくを入れて火にかけ、弱火で炒める。香りが立ってきたら、玉ねぎとピーマンを加えて炒め、野菜に油が回ったら切り干し大根、ツナを加える。

3 Ⓐを加え、水分をとばすように中火で炒め、塩、こしょうで味を調える。

全量
439
円

Point

焦げ付かないよう中火で炒める。ケチャップ味が全体になじむよう、よく混ぜる。

我が家の自家製なめたけ

全量
201
円

［材料］ 作りやすい分量

えのき …… 中パック1つ（200g）
なめこ …… 1パック
塩こんぶ …… 10g
Ⓐ しょうゆ …… 大さじ2
Ⓐ みりん …… 大さじ2
Ⓐ 水 …… 50mℓ

1 えのきは半分に切る。なめこはパックから出す。

2 1とⒶを小鍋に入れ、火にかける。沸騰したらアクを取りながら3分ほど煮る。

3 材料がくたっとしたら、塩こんぶを全体に混ぜて火を止める。

Point

シンプルな調味料で、素材のおいしさを引き出す味つけを。最初から中火でコトコト煮こむ。

調理時間たったの10分!
簡単絶品なめたけレシピ

[料理監修]

MAYA (@heavydrinker)
めぐみ (@meguhanasora)
masayo (@masayo_san)
ゆうき (@yuukitohikari)
植木俊裕 (@utosh)
母熊 (@rosso___)

[BOOK STAFF]

装丁・デザイン	I'll products (鶴田裕樹、福野純平、小倉誉菜、安田健人、稲田佳菜子)
イラスト	スティーヴン★スピルハンバーグ
撮影	金子怜史(MAYA、ゆうき、utosh) 岩瀬有奈(めぐみ、masayo) 母熊
編集	株式会社オフィスアビ(今井綾子、森田有紀)
編集協力	長島ともこ

世《せ》界《かい》一《いち》美《お》味《い》しいチャーハンの作《つく》り方《かた》

2018年9月10日　第1刷発行

監修者	世《せ》界《かい》一《いち》美《お》味《い》しいチャーハン制《せい》作《さく》委《い》員《いん》会《かい》
発行者	中村 誠
印刷・製本所	株式会社光邦
発行所	株式会社日本文芸社 〒101-8407 東京都千代田区神田神保町1-7 編集☎03-3294-8920 営業☎03-3294-8931 URL　https://www.nihonbungeisha.co.jp/

Printed in Japan　112180828-112180828Ⓝ01
ISBN978-4-537-21571-7
編集担当：上原